JN025528

AIリテラシーの教科書

浅岡伴夫　松田雄馬　中松正樹　著

東京電機大学出版局

はじめに

みなさんは"AIリテラシー"という言葉を聞いたことがありますか？

　AIについて説明する書籍や雑誌記事，Webサイトは数多ありますが，AIリテラシーとは何かについて説明している文献はほとんどありません。2019年に政府からすべての大学と高等専門学校（高専）に対してAIリテラシー基礎教育を全学生に実施するよう通達が出されているのに，明確な定義が示されていないのは少々不思議な話です。

　本書のいう"AIリテラシー"とは，AIを正しく理解し適切に使いこなす能力のことです。リテラシーの原義から考えてこの定義が妥当だと思われます。この能力を身につけるには，① AIの全体像の把握，② 各タイプのAIの基本原理の理解，③ AIの活用方法の習得の3つが不可欠です。私は，AIについて詳しく学ぶ前にAIリテラシーの基礎を身につけておく必要がある，と考えています。「木を見て森を見ず」にならないよう，プログラミングや数理統計などの技術論に入り込む前にAIの全体像を把握してAIをどう活用するのか考えておかないと，迷路に入り込んでしまう恐れがあるからです。

　私が理工学部の講義を担当していて毎年驚かされるのは，AIの代表的な手法である機械学習を学んでいるのにAIの定義・分類や全体像を把握していない学生が多いことです。話を文系の学生に転じると，「AIによって自分の仕事が奪われて失業してしまうのではないか？」という不安を口にする学生がいるかと思えば，「早く人間の代わりにAIが何でもやってくれる時代が来て，仕事をしなくて済むようになればいい」と楽天的なことをいう学生も。どちらの意見も，マスコミが流す情報を鵜呑みにしてAIを過大評価することから生じた大きな誤解です。

　みなさんが本書を通じてAIの全体像と基本原理を的確に把握し生活の場や仕事の中で"ほどよく"AIを活用できるようになることを願っています。

浅岡 伴夫

目　次

Chapter 1

AI とは何か？ AI リテラシーとは何か？

　経済産業省・文部科学省・総務省などの政府機関も，経済団体連合会などの経済・経営団体も，産業技術総合研究所・理化学研究所などの研究機関も，もちろん民間の IT 系企業もこぞって「AI（人工知能）*」の研究開発, 導入, 活用に注力しており，AI 関係の委員会やコンソーシアムが数多く創設され，多額の予算や資金が投入されています。AI 関係の書籍や雑誌が年に数十冊も刊行され，TV でも頻繁に特集が組まれています。しかし，「AI」とは何かについては,各者がバラバラの解釈をしているために,一般の人たちは（実は専門家も）AI の全体像や本質を明確に捉えられていないのが現状です。

　「AI」でさえそうなのに，さらに新参の「AI リテラシー」となると，「AI がよくわからずリテラシーもよくわからないのに，何のことなのかわかるわけがない」が実情なのです。この言葉に言及する報告書や書籍・雑誌のほとんどにこの言葉の定義が示されていないのですから，これは当然の結果といえるでしょう。

　この状況を踏まえ，このチャプターでは，本書で AI 関係の様々な事柄を学んでいただく前に，学習の土台となる「AI（人工知能）とは何か」「AI リテラシーとは何か」についてわかりやすく説明し定義します。

＊　巻末付録「AI 関連用語解説集」に掲載されている用語には点線を付記しています

1-1 AI の解釈は千差万別，共通性のある定義を考えよう

　AI の研究者や開発企業，政府機関などが各自の解釈・定義を示していますが，内容にかなりバラツキがあり，一意的に定まってはいません。このセクションでは「AIとは何なのかのイメージ」を明らかにします。

◆ 主要な辞典類に示されている AI（人工知能）の定義は？

　最初に，日本の主要な辞典で「人工知能」がどのように説明・解説されているのかを見てみましょう。英国の有力な辞典であるブリタニカの日本語版とケンブリッジ大学プレスの "Cambridge Advanced Learner's Dictionary & Thesaurus" の解説も紹介します。表 1-1 の各辞典の解説を比較対照することで，AI（人工知能）の説明・解説に共通する事項が見えてくるでしょう。

　辞典類の定義（解説）にはいずれも「コンピューター」または「システム」という用語が使われています。このあたりが 1 つのポイントのようです。

◆ 日本の著名な AI 研究者は AI をどう定義しているか？

　一般社団法人 人工知能学会の学会誌『人工知能』の 2013 年 1 月 [28(1)] から 2015 年 1 月 [30(1)] までに連載された「人工知能とは（第 1 回〜第 12 回）」の中で，著名な AI 研究者たちが示している AI の定義を抜粋したのが，表 1-2 です。

　このほか，米国スタンフォード大学教授だった情報工学者のニルス・ジョン・ニルソンは，2010 年に "The Quest for Artificial Intelligence（人工知能の探求）" の中で，「人工知能とは機械を知能化する研究・開発活動であり，知能とは周囲の環境内を考量し適切に判断できる機能の実体である」と述べています。

　辞典類の定義に比べて，研究者による AI（人工知能）の定義にはかなりバラツキがあるようです。その原因は，AI を語るときにコンピューターやシステム（ソフトウエア）という AI の実現形態（ツール）ではなく理論・概念に重きをおいていることと「知能」の定義があいまいなこと，にあるようです。

表 1-1　主要な辞典類での「人工知能」の説明・解説[*1]

大辞林 第三版 （三省堂）	学習・推論・判断といった人間の知能のもつ機能を備えたコンピューターシステム。応用として，自然言語の理解，機械翻訳，エキスパートシステムなどがある。
広辞苑 第七版 （岩波書店）	推論・判断などの知的な機能を人工的に実現するための研究。また，これらの機能を備えたコンピューターシステム。1956 年に，アメリカのマッカーシー（J. McCarthy）が命名。知識を蓄積するデータベース部，集めた知識から結論を引き出す推論部が不可欠である。データベースを自動的に構築したり誤った知識を訂正したりする学習機能をもつものもある。
デジタル大辞泉 （小学館）	コンピューターで，記憶・推論・判断・学習など，人間の知的機能を代行できるようにモデル化されたソフトウエアシステム。
IT 用語がわかる辞典 （講談社）	人間の知的能力をコンピューター上で実現する様々な技術やソフトウエア，コンピューターシステム。人間が日常的に使っている言語を取り扱う自然言語処理，翻訳を自動的に行ったり翻訳を支援したりする機械翻訳，特定分野の専門家の推論や判断を模倣するエキスパートシステム，画像データを解析して特定のパターンを検出したり抽出したりする画像認識などの応用例がある。＜後略＞
ブリタニカ 国際大百科事典 小項目版 （ロゴヴィスタ）	人工的な手段で実現され，知覚，インタラクション，推論（推理），問題解決，言語，連想，学習などの知的情報処理を自律的に遂行することができる情報処理メカニズム。人工知能の実現を目指した研究分野，人工知能を実装したシステムを指すこともある。
Cambridge Advanced Learner's Dictionary & Thesaurus （ケンブリッジ大学プレス）	the study of how to make computers that have some of the qualities of the human mind, for example the ability to understand language, recognize pictures, solve problems, and learn: computer technology that allows something to be done in a way that is similar to the way a human would do it: 〈人間の精神的な資質（言語を理解する，絵を認識する，問題を解決する，学習するといった能力）を備えたコンピューターを創作する方法に関する研究： 人間が行うのと同じような方法で何かを行えるようにするコンピューターテクノロジー：〉

- - - - - - - - - - - - - - - - -
[*1]　各種辞典の「人工知能」項から引用・編集

表 1-2　日本の著名な AI 研究者による「人工知能」の定義[*2]

中島秀之 （札幌市立大学学長）	人工的につくられた，知能をもつ実体。あるいはそれをつくろうとすることによって知能自体を研究する分野である。
西田豊明 （福知山公立大学情報学部教授）	「知能をもつメカ」ないしは「心をもつメカ」です。
溝口理一郎 （北陸先端科学技術大学院大学フェロー）	人工的につくった知的な振舞いをするためのもの（システム）である。
浅田稔 （大阪大学先導的学際研究機構特任教授）	知能の定義が明確でないので，人工知能を明確に定義できない。
松原仁 （公立はこだて未来大学特任教授）	究極には人間と区別がつかない，人工的な知能のこと。
池上高志 （東京大学大学院総合文化研究科教授）	自然に我々がペットや人に接触するような，情動と冗談に満ちた相互作用を，物理法則に関係なく，あるいは逆らって，人工的につくり出せるシステムを，人工知能と定義する。分析的にわかりたいのではなく，会話したりつきあうことで談話的にわかりたいと思うようなシステム。それが人工知能だ。
松尾豊 （東京大学大学院工学系研究科教授）	人工的につくられた人間のような知能，ないしはそれをつくる技術。
山口高平 （慶應義塾大学理工学部管理工学科教授）	人の知的な振舞いを模倣・支援・超越するための構成システム。
栗原聡 （慶應義塾大学理工学部管理工学科教授）	工学的に創られる知能であるが，その知能のレベルは人を超えているものを想像している。

　ここまでご紹介した情報や説明から，AI とは何なのかを何となくイメージしていただけたのではないでしょうか？

◆AI を開発する目的は何なのか？

　AI への理解をもう少し深めるために，AI の研究者や開発者がどんな目的で AI の研究・開発に取り組んできたのか，取り組んでいるのかについて考えてみましょう。図 1-1 に示すのは，「AI　人工知能　研究　開発」というキーワード

- - - - - - - - - - - - - - - - - -
＊2　人工知能学会「人工知能とは（1 〜 12）」『人工知能（Vol.28 No.1 [2013/1] 〜 Vol.29 No.1 [2014/1]，Vol.29 No.3 [2014/5] 〜 Vol.30 No.1 [2015/1]）』をもとに作成（所属・職名は 2020 年 8 月現在）

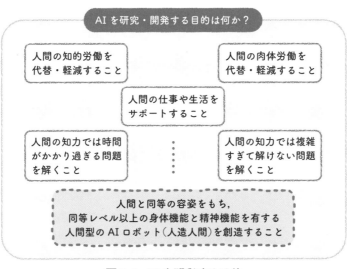

図 1-1 AI を開発する目的

で検索された各種の Web サイト，AI 関連の書籍，白書などから抽出された主要な「AI（人工知能）を研究・開発する目的」です。

　上記の目的も参考にし，AI とは何なのかを自分なりにイメージしてみてください。

◆**AI とは何かを簡単に要約すると**

　以上の情報を踏まえ，このチャプターでは，ひとまず AI（人工知能）を下記のように定義します。より詳しい AI の定義は，**チャプター 5** の **5-1** に示します。

　なお，下記の定義は，あくまでも筆者（浅岡）が AI 関係者の共通認識になればよいと考えて定義したものです。

> AI（人工知能）とは
> 人間の脳の働きの一部を模すことから始まり，
> 人間の知能の一部を人工的に実現する
> 高度な情報処理の手法（方法論），
> あるいはその仕組みを計算機上のシステムに落とし込んだもの

AI リテラシーとは何か考えよう

　明確な定義がないまま「AI リテラシー」という言葉が独り歩きしているため，「聞いたことはあるが意味がはっきりわからない」というのが実情のようです。このセクションでは，3 つの視点から AI リテラシーについて説明し定義します。

◆『AI 戦略 2019』における "AI 教育" とは？

　2019 年 6 月 11 日に統合イノベーション戦略推進会議で決定された『AI 戦略 2019 〜人・産業・地域・政府全てに AI 〜』には，「文理を問わず，すべての大学・高専生（約 50 万人卒／年）が，課程にて初級レベルの数理・データサイエンス・AI を習得」という目標が掲げられています。

　これは実現するのがかなり難しい課題のように思えます。また，「初級レベルの数理・データサイエンス・AI」とは，具体的に何を意味するのでしょうか？

　興味関心も得意分野，基礎学力なども千差万別な理工学，文学，法学，経済学，商学，教育学，芸術学，観光学，福祉学などを学ぶ学生に，誰がどんなカリキュラムで教えればよいか，多くの学校が悩んでいるようです。「数学が嫌い」「統計やデータ分析は苦手」といった学生が多い中で，突然「初級レベルの数理・データサイエンス・AI を習得する」授業や AI プログラミングの授業を開設したら，多くの学生が拒否反応を示し，学習効果が上がることは期待できないのではないでしょうか？

　「初級レベルの数理・データサイエンス・AI」は，AI の開発・導入の基礎能力を身につけさせることを目的としているようです。しかし，まず AI とは一体何なのか，人間社会やビジネス社会でどんな意味をもっているのか，AI の導入・活用で社会や企業が今後どのように変化していくのか，その中で自分はどんな役割を担っていけばよいのか，などについて十分理解してからでなければ，学生の多くは「初級レベルの数理・データサイエンス・AI を習得する」必要性を感じないでしょう。モチベーションなき学習が成功することはあり得ないのです。

　表 1-3 を見てください。これは，『AI 戦略 2019』から大学生・高専生・社会

人向けの AI リテラシー教育の実施案を抜粋したものです。図の情報を全部読む
のが大変であれば，見出し部分と色線を引いた部分だけ見てください。大学での
教育カリキュラムに大きな影響を与える内容です。企業内でこんな指示を出せば，
「誰がどうやって実現するのかの具体的なプランが示されていないではないか。
本当に実現できるのか？」といった批判を浴びることは間違いないでしょう。お
上からとんでもなく大きな課題が降ってきた大学や高専は，AI リテラシー教育
をどうやって実現するのか，特にカリキュラムの開発と教員の確保に頭を悩ませ
ています。

表 1-3 『AI 戦略 2019』に示された AI リテラシー教育プラン（抜粋）[3]

【大学・高専・社会人】
〈具体目標1〉 文理を問わず，すべての大学・高専生（約50万人卒／年）が，課程にて初級レベルの数理・データサイエンス・AI を習得 ・大学・高専における初級レベルの標準カリキュラム・教材の開発と全国展開（2019年度）【文・経】 ・大学・高専における初級レベルの認定コースの導入（2020年度）【文・経】 ・カリキュラムに数理・データサイエンス・AI 教育を導入するなどの取組状況等を考慮した，大学・高専に対する運営費交付金や私学助成金等の重点化を通じた積極的支援（2020年度）【文】 ・すべての大学・高専の学生が，初級レベルの認定コースの履修ができる環境を確保（MOOC や放送大学の活用拡充等を含む）（2022年度）【CSTI・文・経】
〈具体目標2〉 多くの社会人（約100万人／年）が，基本的情報知識と，データサイエンス・AI 等の実践的活用スキルを習得できる機会をあらゆる手段を用いて提供 ・産学フォーラムや経済団体等の場において，優れた社会人リカレント教育プログラムの事例（女性の社会参加を促進するプログラムを含む）を共有するなどを通じて，リカレント教育の受講結果の就職，雇用等への活用促進（2019年度）【男女・文・厚・経】 ・数理・データサイエンス・AI 関連スキルセットの更なる改善（2019年度）【経】 ・基礎的 IT リテラシー習得のための職業訓練の推進（2020年度）【厚・経】 ・女性の社会参加を含め，社会人の誰もが，数理・データサイエンス・AI 教育を学びたいときに，大学等において履修できる環境を整備（2022年度）【男女・厚・経】

※【 】内は担当省庁などの略称
　　CSTI は「総合科学技術・イノベーション会議」の略称

- - - - - - - - - - - - - - - - -
[3]　統合イノベーション戦略推進会議決定『AI 戦略 2019 ～人・産業・地域・政府全てに AI ～』（2019 年 6 月）pp.12-13 から引用・編集

ただし，これをそれほど大きな問題とは捉えず，理工系（情報系）の教員に
IT 教室での演習を中心とした「初級レベルの数理・データサイエンス・AI を習
得する」科目やプログラミング科目を増やして，全学部共通科目とする，といっ
た対応をしようとしている大学も少なくありません。

　しかし，その前段階として，「AI リテラシー」の基礎教育をしっかり行うこと
の必要性・重要性を大学のカリキュラム開発責任者・担当者が認識する必要があ
るのではないでしょうか？　そして，本書の内容はまさにこの基礎教育に相当す
るものなのです。

◆そもそも「リテラシー」とは何なのか？

　AI リテラシーについて定義する前に，「リテラシー」という言葉について説明
しておく必要があります。この用語は「情報リテラシー」「IT リテラシー」「メディ
アリテラシー」「金融リテラシー」などいろいろな語と連結して使われる現代の
重要なキーワードです。基本的な意味や使われ方をしっかりと把握しておきま
しょう。

　表 1-4 に示したのは，日本の代表的な辞典類に示されている「リテラシー」
の説明・解説です。

　これらの説明・解説を勘案し，本書では「リテラシー」の意味を下記のように
定義します。

> リテラシーとは
> 本来的な意味は「読み書きの能力，識字能力」だが，
> 「特定の分野に関する知識やそれを活用する能力」
> という意味で使われることが多くなっている
> （「情報リテラシー」「金融リテラシー」「AI リテラシー」など）

表 1-4 主要な辞典類での「リテラシー」の説明・解説[*4]

大辞林 第三版 （三省堂）	読み書き能力。また, ある分野に関する知識やそれを活用する能力。
最新 心理学事典 （平凡社）	リテラシーとは, 読み書き能力, 識字力のことである。＜後略＞
デジタル大辞泉 （小学館）	読み書き能力。また, 与えられた材料から必要な情報を引き出し, 活用する能力。応用力。
百科事典マイペディア （平凡社）	英語literacy。〈読み書き能力〉と訳され, 日本語の〈読み書き算盤〉にあたる。文字・文章を読むこと, 内容を理解して文章を書くこと, ならびにそれらができる能力をもっていることをいう。＜後略＞
プログレッシブ 英和中辞典 （小学館）	＜ literacy の意味＞ 1 読み書きの能力, 識字能力；教養がある［教育を受けている］こと。 2 （特定分野の）知識, 能力；（コンピューターなどの）使用能力。

◆要するに「AI リテラシー」とは？

　繰り返しになりますが,「AI リテラシー」という言葉がよく使われるようになり, その重要性に注目が集まるようになったにも拘わらず, この用語を明確に定義している辞書や公的な資料は見当たりません。2018 年 12 月に内閣府特命担当大臣（科学技術政策）の名前で公表された『AI について』という資料の中に,「一般：全員が AI リテラシー（小・中・高および高等教育で AI 時代に身につけるべき基礎的素養）を学習」という説明がある程度です。

　明確な定義なしに「AI リテラシー」が独り歩きすることを避ける意味で, ここまでご紹介した情報を踏まえて, 本書では下記のように定義します。

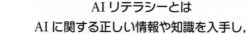

AI リテラシーとは
AI に関する正しい情報や知識を入手し,
情報・知識や AI 自体を適正かつ有用に使いこなす能力

[*4] 各種辞典の「リテラシー」項から引用・編集

　様々な領域で AI の活用が進んでおり，今まさに AI 時代が到来しようとしています。このセクションでは，AI 時代の本格的な到来にどう備えたらよいのかについて説明します。

◆私たちの日常生活にも AI が浸透し始めている

　AI は，高度な研究開発を行う組織（新薬の開発を行う研究所，天体や気象などを観測・分析する機関など），高度な機器を用い精緻な製造プロセスで製品を生産する組織（化学プラント，精密機器製造工場など），大規模な商品・サービス取引を行う組織（ネット通販企業など），膨大な業務情報を処理する組織（カード会社や金融機関など）での導入・活用が進みつつあります。個人の日常生活にはまだ遠い存在のようにも見えますが，実は Amazon や Apple のスマートスピーカー（AI スピーカー），Google の検索エンジン，ショッピングサイトのリコメンド機能などに AI が組み込まれており，今や私たちの生活に欠かせない存在になりつつあるのです。

　直近では，新型コロナウイルスの感染拡大抑止に向けて，AI を駆使した各種のアプリ（濃厚接触者追跡アプリや，マスク在庫店舗リアルタイム表示アプリなど）が登場し，かなりの成果を上げているようです。

　また，企業の求人においても応募者の評価や選別に AI が使われ始めており，学生にとって他人ごとではなくなっています。キャッシュレス決済が急速に進展する中国では「信用スコア」の活用が進み，日本でも，みずほ銀行とソフトバンクによる「J.Score」や NTT ドコモによる「ドコモスコアリング」など，各種の信用スコアリングサービスが始まっています。これらに共通するのは，個人の決済情報や取引情報が " 同意 " の名の下に様々な形で利用（流用）されている点です。もちろん，信用スコアリングにも AI が使われています。

　「AI はまだレベルが低いから，そんなに心配する必要はない」との意見もありますが，逆にまだ信頼性が十分とはいえない AI による判断や予測の結果を利用

する企業が増えていることが問題なのではないでしょうか？

◆「便利だから使えばいい」ではAI（の後ろにいる企業）に操られる

AIにもピンからキリまであります。AI搭載を謳うエアコンや電子レンジには通常は低レベルのAIしか組み込まれてはいないので，個人情報にかかわる問題はありません。しかし，IoTとインターネット経由でハイレベルなAIシステムに情報が送られているケースでは，機器利用者の個人情報（電子レンジであれば，利用頻度・時間帯，調理内容など）が収集され，分析・流用される可能性があります。

ましてや，インターネットで日常的に情報検索，決済，買い物などをしている人たちは，米国や中国のIT大手企業が開発したハイレベルなAIの監視の目にさらされ続けているのです。もちろん，これらの企業が開発したAIを導入・活用する大手企業も日々顧客の個人情報を収集し活用（流用）しています。

「便利だから使えばいい」と安易に"同意"を与えてAIが組み込まれた各種のサービスを使い続けると，いつの間にかその裏にいる企業にたくさんの個人情報を把握されて都合のいいように誘導されることになりかねません。

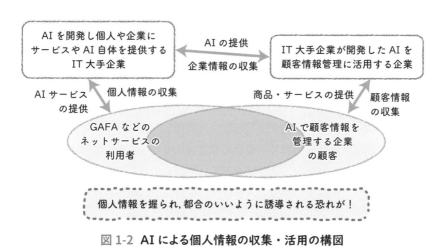

図 1-2 **AI による個人情報の収集・活用の構図**

◆ AI リテラシーを高めなければ AI 時代を生き抜けない！？

ここまでの話の流れから，「AI リテラシーを高めなければ AI 時代を生き抜けない」ことが何となくご理解いただけたのではないでしょうか？　ここでいう「AI リテラシーを高める」とは，AI がどんなもので，どんな種類があり，どんな基本原理で機能し，どんなところでどんな形で利用されており，それが個人や社会や企業にどのような影響を与えるのか，またどのように発展していくのか，といった基本的なことを理解し，AI に潜むリスクに適切に対処しながらどう利用していけばよいかを判断できるようにすることを意味します。

まず，本書で学ぶことで基本的な AI リテラシーをしっかりと身につけ，賢く AI を活用する術を磨きましょう。

1-4　すべての学生が AI リテラシーを高める必要があるのか？

IT 技術者になることを想定している情報科学系以外の学生も AI リテラシーを高めることが必要かという疑問が湧くかもしれません。このセクションでは，文系理系を問わずすべての学生が「知性」を鍛え AI リテラシーを高める必要があることを説明します。

◆ AI リテラシーを高めておかないと職場に居場所がなくなる可能性も

AI リテラシーを高めておかないと，職場での居場所がしだいになくなっていく可能性があります。これは，パソコンの普及時に操作を覚えようとしなかった人が職場に居づらくなっていったことから，容易に推察できます。

職場での居場所に関する具体例を示します。大手の金融機関が AI の導入を積極的に進める一方で大幅な人員削減を実施しているのを見て，「AI が社員の仕事を奪っている」と見る人が多いようですが，それは少々的外れな見方です。金融機関はマイナス金利や IT 企業の参入で収益基盤が揺らぎつつあるため，人員削減という対症療法をとらざるを得ないのです。しかし，そんな中で AI リテラシーの高い社員は人員削減の対象になりにくい傾向があります。金融機関にとって

AIの導入・活用は必須だからです。この例からも，AIリテラシーを高めていくことの大切さが見えてきます。

◇AIに負けないようにするには「知性」を鍛えることが必要

AIに負けない（実はこれは一面的な見方に過ぎないのですが）ようにするには，まずAIには獲得できない「知性」を育て鍛えていくことが不可欠です。

最初に，米国のスタンフォード大学元教授のジョン・マッカーシーが2007年に公表した "What is artificial intelligence?" という Q & A を見てみましょう。1つ目の「Q. What is artificial intelligence? 」の次の質問は，「Q. Yes, but what is intelligence? 」です。それに対する回答は，「知能（intelligence）は，実社会での課題を解決するために必要な能力の計算要素的な部分（computational part）です。様々な種類やレベルの知能が，人間，多くの動物，およびいくつかの機械から生み出されます（筆者訳）」です。誤解が生じないように補足しておきますが，「計算要素的な部分」とは単なる数値計算だけを指すのではなく，数値に変換して処理できる能力（機能）全般を指します。わかるようでわからない回答ですが，「知能は人間がもつ精神的能力の一部でしかない」と解釈することができそうです（"What is artificial intelligence?" の中身に興味がある方は，「What is artificial intelligence?　Basic Questions　John McCarthy」で検索すれば，すべての内容を見ることができます）。

次に，「知能」と「知性」の違いを説明します。『デジタル大辞泉』（小学館）から「知性」と「知能」の意味を抜粋・紹介します。

- 知性（intellect）の意味：「1 物事を知り，考え，判断する能力。人間の，知的作用を営む能力。2 比較・抽象・概念化・判断・推理などの機能によって，感覚的所与を認識にまでつくりあげる精神的能力」
- 知能（intelligence）の意味：「1 物事を理解したり判断したりする力。2 心理学で，環境に適応し，問題解決をめざして思考を行うなどの知的機能」

また，『世界大百科事典 第2版』（平凡社）の「知識人」の項に，次の説明があります。

> intelligence とは，それぞれの学問や芸術において，すでに正当化されている認識パラダイムを遵守し，その規範的枠組み内部で業績や〈生産性〉を追求する知的能力であり，そのかぎりにおいて〈把握，操作，再調整，整理などをこととする〉精神の一側面である。それに対して，intellect とは，〈創造性〉を求めて既定の認識パラダイムの拘束から自己解放し，新たな認識基盤を構築せんとする知性であり，その意味で〈批判，創造，観照などをこととする〉精神の一側面である。

この2つを比較検討すると，「知性」は「知能」よりもよりレベルが高く，AIには真似できない人間特有の能力といえるでしょう。

◆「知能」「知性」と「流動性知能」「結晶性知能」の関係

「知能」と「知性」という分類に関連して，心理学者のレイモンド・キャッテルが「流動性知能」「結晶性知能」という分類を提起しています。

ここまでの説明と図1-3の内容を見比べてみると，「結晶性知能」と「知性」，「流動性知能」と「知能」がそれぞれ近い意味で使われていることがわかります。

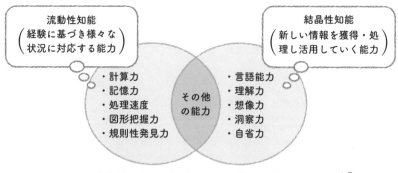

流動性知能
（経験に基づき様々な状況に対応する能力）

結晶性知能
（新しい情報を獲得・処理し活用していく能力）

・計算力
・記憶力
・処理速度
・図形把握力
・規則性発見力

その他の能力

・言語能力
・理解力
・想像力
・洞察力
・自省力

図 1-3 流動性知能と結晶性知能の構成要素と相互関係[*5]

＊5 Cattell, R. B.（1963）"Theory of fluid and crystallized intelligence: A critical experiment.", Journal of Educational Psychology, 54（1），1-22 [https://doi.org/10.1037/h0046743]（2020年8月現在）その他の文献をもとに作成

つまり，AI でも獲得できそうな「知能」（すでに計算能力や記憶能力などでは人間をはるかに超えている）ではなく，人間が体（身体）と頭（脳）をバランスよく使って推論や判断を日々繰り返すことを通じて「知性」を鍛えながら AI リテラシーを高めていけば，結果として AI に負けることはないのです。ただし，「知能」と「知性」は有機的に連携しているので，「知性」を高めるには「知能」も鍛える必要があります。

AI の起源と 3 回の AI ブームの本質

近頃は AI（人工知能）という言葉を聞かない日はありません。新聞やテレビのニュースだけでなく，家電店でも，テレビ CM でも「AI 搭載」という言葉をしばしば目にします。

AI はもはや人々の生活に欠かせないものになっており，気づかないところでも，私たちは日々 AI のお世話になっています。そもそも AI はいつ始まったのか，いつ頃からこんなに人々の暮らしに浸透してくるようになったのか，その過程でどんな進化があり今に至っているのか，まずここから考えていきましょう。

2-1 AI の起源と AI が生まれた理由を知ろう

◆人型ロボットへの夢

人は AI が開発されるよりずっと前に，自分で考えて行動する機械であるロボットに想像を巡らせました。小説に人型のロボットが初めて登場したのは紀元前 8 世紀，ホメーロスの戯曲の中でしたし，フランケンシュタインやピノキオは 1800 年代の小説が映画化されたものです。

そして今から 1 世紀も前の 1920 年，チェコの小説家カレル・チャペックが発表した戯曲の中に，人の代わりに働く人の姿をした機械として ROBOT は登場しました。チェコ語の「強制労働」，スロバキア語の「労働者」を意味する言

葉からの造語です。当時は「人造人間」と訳されていました。人がする様々なつらい仕事をロボットがやってくれたらいいのに，と考えたわけです。

　たとえば鉄腕アトムは，まるで人間のように悩み，考え，行動するのですが，アトムは人間並みの AI を頭脳にもつロボットということができます。昨今，「ロボットに仕事を奪われる」「AI に仕事を奪われる」などといいますが，AI とロボットは同じものなのでしょうか？　その答えは「別のもの。ロボットの頭脳に当たるのが AI です」ということになるでしょう。

◆**コンピューターの登場**

　そしてもう 1 つ，AI が生まれる前提として大切なのがコンピューターの発明です。ユダヤ系ハンガリー人，ジョン・フォン・ノイマンは 1949 年にノイマン型コンピューターの論文を発表します。ハードウエアの中にプログラムというソフトウエアを内蔵させる現代コンピューターの基本的な構成をつくり出したことで，世に名を残しています。ここから AI は最初の芽を出したということになります。

2-2　AI の第 1 次ブーム　何がブームを起こし，なぜ衰退したのか？

◆**AI ブームの端緒**

　総務省の Web サイトを見ると『情報通信白書』（平成 28 年度）に「人工知能研究の歴史」が掲載されています。これによると第 1 次 AI（人工知能）ブームは 1950 年代後半に始まり，60 年代に終わったとあります。

　「Artificial Intelligence（人工知能）」という単語が生まれたのは 1956 年，米国北東部，ニューハンプシャー州にあるダートマス大学で開かれた研究者たちの集まり（ダートマス会議）のときでした。

　ブームの先駆けとなったのが 1950 年に英国のアラン・チューリングが提唱した「チューリングテスト」の論文でした。チューリングは「機械に思考はできるのか」という問いの答えを考えるうちに「機械が人間らしく振舞うことができる

か」を判別すればいいと考えました。人間が機械の振舞いを「これは人間がしている」と勘違いするレベルなら「AIは知能をもった」とみなしましょう，ということです。「知能とは何か」を考える上で，具体的な目標に置き換えたという点が今もって高く評価されています（チューリングは2021年から英国50ポンド紙幣に肖像が登場します）。

◆「探索と推論」

　最初は，計算にしか使われなかったコンピューターですが，「探索」や「推論」ができることがわかってきました。すべての論理的な思考を1と0（正しければ1，正しくなければ0）で表すという考え方です。この結果，プログラムを作成することで迷路を抜けだしたり，簡単なパズルを解いたりしたのです。これは画期的なことだったので，人々はAIに大きな期待をもち，巨額の開発投資をし，研究を重ねました。

　「探索と推論」の考え方を学ぶのにもっともわかりやすいのは，迷路の解き方です。分かれ道にきたときに，1つを選んで進んだら行き止まりだった。これを0と表します。先でまた分かれていたら，0でないので1とします。このようにすべての選択肢の結果を0か1で表していけば，最後の出口（＝1）にたどり着きます。迷路の解き方は0と1で書き示せるのです。この考え方を「検索木（けんさくぎ）」といいます。

　成果を重ねていった「探索と推論」のAIでしたが，当時はコンピューターのCPU（中央演算装置）の性能が限られていたこともあり，ルールやゴールが明確に決まったことしか解決できませんでした。トイ・プロブレム（おもちゃのような問題）しか解けず現実には役立たないなどといわれました。まだ例外だらけの現実の世界に適応できるものではなかったのです。1969年になって「フレーム問題」というAIの限界が強く意識される問題点の指摘があり，AIの第1次ブームは下火になってしまいます。

◆今なお難問, フレーム問題

ここで簡単に「フレーム問題」について説明しておきましょう。ロボットを使ったある実験で, ロボットは安全な箱と時限爆弾を積んだカートを部屋から出す仕事をします。ロボットは最初, カートごと運び出して爆発させてしまいます。爆弾は部屋から出ると爆発する仕掛けでした。次の実験では, ロボットが「カートを運び出すと壁が落ちてこないか」「ペンキがはげないか」「停電しないか」などと可能性があるあらゆることを考えているうちに時限爆弾のタイマーが切れて爆発してしまいました。

つまり荷物をもち出すことと, その部屋にあるものが直接関係あるものかないものか, AIには即座に判断できないのです。たとえばチェスのように限られたルールの中でしかAIが作動しないなら, こんな心配は必要ありませんが, 現実の社会では起こりうるすべてのことをAIは無視できないということです。

では人間はどうかといえば, 「こんなことやあんなことが起こらないか」といちいち考えるまでもなく, 直感で決めることができます。

「フレーム問題」は今も解決していない難問です。AIが人間と同じように, まるでフレーム問題を解決しているかのように振舞えるようにすることが現在のAIの目標とされているほどです。

2-3 AIの第2次ブーム 何がブームを起こし, なぜ衰退したのか?

◆第2次AIブームを支えたものは?

第2次AI(人工知能)ブームは1980年代のことでした。この頃からコンピューターの高性能化, 小型化が進み, 企業でも使われるようになりました。オフィスのコンピューターなのでオフコンと呼ばれ, 文章の作成や表計算ができるようになります。

1982年に, 日本では通産省(現在の経産省)の主導で「第5世代コンピューター」というプロジェクトが始まります。「第5世代」という言葉が気になりますが, 真空管でスイッチング(入力の切り替え)を行ったのが第1世代, トラ

ンジスタ（ソニーのラジオが有名です）が第2世代，IC（集積回路）やLSI（大規模集積回路）を用いたのが第3世代，そして超LSIを搭載したのが今につながる第4世代のコンピューターで，第5世代はさらに高次元のコンピューターという位置づけです。

◆エキスパートシステムの挑戦

　第1から第4世代まではいずれも数値計算やデータ処理のために設計されたコンピューターですが，第5世代は知識情報処理を効果的に行うコンピューターを日本主導で開発し，世界をリードしようという意欲溢れたものでした。

　「探索と推論」が第1次AIブームのきっかけだったのに対し，第2次AIブームは「知識」を取り込むことでAIを賢くするという試みでした。医療や法律，翻訳などの専門分野で，専門家の知識を大量にコンピューターに教え込むことで，専門家と同レベルの答えを出せるようにする「エキスパートシステム」と呼ばれるものをつくろうとしました。すでに1972年に最初のエキスパートシステムが開発されていますが，人間では覚えきれない大量の知識も，コンピューターなら効率よく記憶して効果的に活用できるだろう，という考え方から来ています。

　当時は日米経済摩擦が騒がれていた時代で，米IBMの技術を日本企業が盗み出したとされるスパイ事件なども起こっており，海外の注目も高いものでしたが，期待したほどの成果は上がらずプロジェクトは92年に終了しました。

　エキスパートシステムを実現するには，専門家がコンピューターに知識を教え込むのに多大な時間とコストがかかります。さらに教えている間に新たな例外が出てきたりするので，複雑なルールを取り込み柔軟に対応することはAIには無理なことでした。また，現実の世界では，特定の分野の問題であっても，ほかのジャンルの内容と関わることがしばしば起こりますが，そういった場合に1人の専門家では正確に知識を教えることはできなくなる，そういうことが様々な分野で起きたわけです。

　結局のところ，第1次ブームのときと同じように，あいまいなことをなくさないと判断できないAIには，すべてのことを教え込むことはできないことがわ

かり，AIは現実の世の中ではまだまだ使えないということになり，第2次AIブームは自然に終息していきました。欧米では90年になる前に，日本では95年頃から再びAIは冬の時代を迎えることになりました。

95年はMicrosoftのOS，Windows 95が発売されて，パーソナルコンピューターが急速に普及し始める年でしたから皮肉なものです。インターネットがもう少し早く普及して，大量のデータを取得してAIに教え込むことができていたら，結果は別のものになったかもしれません。

ただ，すべてが無駄だったわけではありません。知識を教え込むとコンピューターは確かに賢くなりましたし，実際のビジネスに役立つ場面がなかったわけではありません。医学，金融，生産，会計など様々な分野でエキスパートシステムは一定の成果をあげることができました。

2-4 AIの第3次ブーム　どう始まり，なぜ長続きしているのか？

◆第3次AIブームの始まり

第3次AI（人工知能）ブームは2000年代に入って始まり，今も続いています。第2次ブームが下火になったあとも地道な研究は進んでいました。**チャプター6〜8**で詳しく学ぶ機械学習（マシンラーニング：ML），ニューラルネットワーク（NN），そしてディープラーニング（深層学習：DL）が登場したことで，AIは様々な分野で目覚ましい成果を生み，産業界に導入されるようになりました。

◆トロント大学の衝撃，Googleの猫

中でも大きな出来事としてあげられるのは，2012年の画像認識コンペティションでトロント大学が驚異的な正解率で圧勝した，というニュースでした。写っているものが何か大量の画像を機械学習で学んだ後，テストをして精度を競うというものなのですが，2位以下の他大学が軒並み26-27%程度のエラー率なのに，トロント大学は15%台のエラー率（85%の正解率）だったのです。従来の正解率を一気に10%近く改善したことに世界の研究者は衝撃を受けました。なお，

このコンテストはその後も続けられていますが，2015 年にはエラー率は 5%を下回り，AI は人間を超える数字を出すようになりました。

　もう 1 つ同じ年のセンセーショナルな出来事が「Google の猫」でした。Google は「You Tube にアップロードされている 1000 万の画像を AI に学習させた結果，猫がどのようなものかを認識することに成功した」というのです。1000 万枚の画像を 1000 台のコンピューターで 3 日かけて学習した結果，人間の顔に反応する「人間の顔ニューロン」，猫の顔に反応する「猫の顔ニューロン」，人間の体に反応する「人間の体ニューロン」がネットワーク上に生成されました。そして「猫の顔ニューロン」を可視化したのが図 2-1 です。

　※ニューロンとは，動物の脳神経系を構成する神経細胞のことで，これを模して「ニューラルネットワーク」の基本単位である「形式（人工）ニューロン」がつくられました（チャプター7 で詳しく説明）。

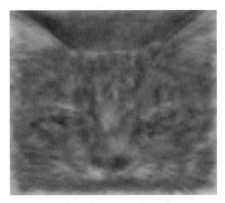

図 2-1　「猫の顔ニューロン」を可視化した画像[*1]

　2 つの成果の秘密は機械学習の新しい手法「ディープラーニング（深層学習：DL）」にありました。DL は現在の AI ブームの牽引役といえます（チャプター 7 で詳しく学びます）。

＊1　Google のオフィシャルブログ「Using large-scale brain simulations for machine learning and A.I.」（2012 年 6 月 26 日掲載）[https://googleblog.blogspot.com/2012/06/using-large-scale-brain-simulations-for.html]（2020 年 8 月現在）から転載

AI が急成長し，第 3 次ブームが長続きしているのはなぜでしょう？　DL がこれほどまでに成果を上げているのは？　その理由の 1 つは次のようなことです。

◆コンピューター性能の向上

- CPU が高性能化したため，AI に必要な複雑な計算処理を高速で実現できるようになった。
- 画像処理に必要な半導体である GPU の性能が向上し普及した。
- 通信環境（送受信できるデータ量や速度）が飛躍的に向上した。
- 画像認識・音声認識ソフトの性能が大幅に向上した。
- AI に情報を提供する各種センサーの開発が進み実用レベルとなった。

　かつて「ドッグイヤー」という言葉をしばしば耳にしました。コンピューターの演算スピードは加速度的に上昇し続け，人間の 1 年が犬の 7 年に相当するように，技術の進化が 7 倍になるという意味でした。その後，マウスイヤーの時代（18 倍の速さ）といわれたこともありましたが，やがて誰もそういう呼び方をしなくなりました。演算速度が上がり過ぎてもはや比べる意味もなくなったのです。

　第 3 次 AI ブームを長続きさせているのは，コンピューターのもつパワーの際限ない上昇に伴って起きている，上記のような技術革新です。これまでできなかった大量の画像認識や入力処理や演算が可能になることで，AI の可能性はさらに広がっていきます。次世代通信規格である「5G」もデータ通信の速度や遅延をなくすという点で重要視されています。

◆ビッグデータの重要性

　そしてもう 1 つ重要なのは「ビッグデータ」です。Google，Amazon，Facebook といった IT 企業がインターネットを駆使したビジネスを急拡大することで，大量のデータを蓄積し AI 研究に積極的に活かしています。機械学習の精度を高めるにはより大量のデータを入力し分析することが不可欠です。ネットの普及に伴って多くの人々がより多くの検索をし，SNS でつぶやき，写真や動画をやり取りし，ネットで買い物をし（または買わない）などなど，生活のあら

ゆる局面で人がネット企業にデータを提供することで AI は進化を続けることが可能になっています。

上記の IT 大手 3 社に Apple を加えた米国の 4 社を GAFA（ガーファ）と呼びます。中国ではバイドゥ（Baidu），アリババ，（Alibaba Group）テンセント（Tencent）の 3 社が GAFA に相当します（BAT と呼ばれています）。

ところで「ビッグデータ」というときの情報量は，どれほどのものなのでしょうか？ 携帯電話で 1 ヵ月に使用するデータ量は毎日 1 時間動画を見る人で 15 GB（ギガバイト）くらいでしょうか。ウィキペディアによれば，2013 年末の時点で Google のデータセンターがもつデータ量は 10 EB（エクサバイト）と試算されているとあり（公式には非公表），これは 1 人 10 GB として 1 億人分だそうです。今ならどんな桁になっているのでしょうか。ちなみに 1 EB は 10 の 9 乗 GB です。

AI の研究（というよりビジネスでの実践）に，データがいかに大切かがわかります。

2-5 AI が今後どうなるか予測してみよう

◆ **AI の未来は？**

技術的な話に入る前に，AI の将来を予測するのは雲をつかむような話ですが，ここでは直感的にどんな未来が可能になるのか，みなさんそれぞれが考えてみてください。

ここでは日本経済新聞の 2020 年 1 月 1 日付朝刊から始まった特集「2020 年 AI 先読み通信簿」が紹介した「いま上手にできること」を紹介しておきます。

〈よくできる〉
- 倉庫や工場で人以上のスピードで物を運ぶ
- 周囲をしっかり認識し，安全にドローンを動かせる
- 俳句や小説，絵をつくってひとに褒められた

- ひとでは計算しきれないビッグデータを処理できた
- 英語だけでなくたくさんの言語を理解できるようになった

〈だいたいできる〉

- 片づけがきちんとできる

〈もう少し〉

- 複数の業務に対応できるようになろう

参考までに，表 2-1 に過去 3 回の AI ブームの要点をまとめ，近未来を展望する図を示しておきます。

今日に至るまで，半導体の高性能化に伴う情報収集のスピードアップは，情報量の指数関数的な増大を生んできました。AI 進化の原動力になっています。

AI が生まれてからの半世紀と，直近の 10 年ほどを比較したときの進化のスピードアップに驚くばかりです。

AI の普及でどんな未来が訪れるのか，あなたが考えたことはどれくらい可能になっていくのか？　もしかするとすでに実現していることがあるかもしれません。ご自身でネットで調べてみると興味深い発見があるかもしれません。

表 2-1　過去 3 回の AI（人工知能）ブームの要点[2]

	AI の置かれた状況	主な技術	AI に関する出来事
1950年代	第1次AIブーム（探索と推論）	・探索，推論 ・自然言語処理 ・ニューラルネットワーク ・遺伝的アルゴリズム	チューリングテストの提唱（1950年） ダートマス会議にて「人工知能」という言葉が登場（1956年） ニューラルネットワークのパーセプトロン開発（1958年）
1960年代			人工対話システム ELIZA（イライザ）開発（1966年）
1970年代	冬の時代	・エキスパートシステム	初のエキスパートシステム Mycin 開発（1972年） Mycin の知識表現と推論を一般化した EMycin 開発（1979年）
1980年代	第2次AIブーム（知識表現）	・知識ベース ・音声認識 ・データマイニング ・オントロジー	第5世代コンピュータプロジェクト（1982〜92年） 知識記述のサイクプロジェクト開始（1984年） 誤差逆伝播法の発表（1986年）
1990年代	冬の時代	・統計的自然言語処理	IBMの Deep Blue がチェスの世界チャンピオンに勝利（1997年）
2000年代		・ディープラーニング	ディープラーニング技術の提唱（2006年）
2010年代	第3次AIブーム（機械学習とディープラーニング）		ディープラーニング技術が画像認識コンテストで優勝（2012年） DeepMind（現在は Google 子会社）の AlphaGo が囲碁の世界チャンピオンに勝利（2016年）

*2　総務省『ICT の進化が雇用と働き方に及ぼす影響に関する調査研究 報告書』（2016年3月）p.15 の「図表 2-1-1-5 人工知能（AI）の歴史」をもとに作成

Chapter 3

現在の AI の実力とシンギュラリティ

　チャプター 2 でみてきたように AI（人工知能）の進化は目覚ましいものですが，このチャプターでは AI の現状と将来を考えていきたいと思います。AI という言葉でひとくくりにされることが多いのですが，AI には様々なレベルのものがあり，その違いを理解しておく必要があります。AI が人間と同じような知能（知性）をもつようになることはあるのか，昨今しばしば語られる 2045 年問題（シンギュラリティの到来）についてもこのチャプターで触れます。

3-1 ビジネス社会への AI の浸透度

　ビジネス社会にどれほど AI が浸透しているのかを測るのにわかりやすい数字が「日本経済新聞の記事で取り上げられた回数」です。

　日本経済新聞に初めて「人工知能」という単語が登場したのは，1978 年 11 月 3 日付朝刊のことでした。これはニュースではなく日経が後援したセミナーの紹介記事です。セミナーの講演タイトルは「人工知能とその社会への影響」。その後，1970 年代には日経の朝刊・夕刊に記事として登場したのはわずか 8 回。その後 80 年代には 1156 回といきなり増えますが，90 年代には 515 回，2000 年代は 259 回と，あまり紙面に登場しなくなります。ところが 2010 年代は

8946 回にまで増えています。ただし，2010 年から 14 年は 301 回だけで，15年から 19 年が 8645 回です。

　ここからわかるのは，80 年代は**チャプター 2** で紹介した「第 5 世代コンピューター」や民営化された NTT の INS（高度情報通信システム）などのように国主導で AI にチャレンジしたため，企業も積極的に取り組み AI の記事は増えたものの，ブームが去ると企業の熱は冷め，記事にならなくなったということです。

　その後の「冬の時代」と呼ばれた 1990 年代はともかく，2000 年代には「第3 次 AI ブーム」が訪れましたが，研究者の間だけに留まり，IT 系企業はまだ製品として成果を出せていませんでした。2010 年代に入っても前半までは同じ状態が続き，2015 年以降やっと企業努力が実を結び始めて商品化が進み，日経も記事に取り上げることが増えてきたのです。

表 3-1　日本経済新聞に掲載された AI に関する記事の本数[*1]

1970 年代	8　＊初回は 1978 年 11 月 3 日
1980 年代	1156
1990 年代	515
2000 年代	259
2010 年代	8946　＊10-14年は 301，15-19年は 8645

3-2　現在 AI と呼ばれているもののレベル分けと事例を知ろう

　AI のレベル分けについてはいろいろな意見がありますが，現在よく目にするのは以下の 4 つのレベルに分ける方法です。

◆ レベル 1 の AI
　単純な制御プログラムに過ぎず，AI と呼ぶレベルではないと考える研究者が多いレベルのものを指します。

＊1　日経テレコンを用いて日本経済新聞の記事を「人工知能」で検索して作成

従来から存在するマイコン制御のプログラムのことです。AIと呼ぶにはほど遠いのですが，家電メーカーなどがマーケティング上の理由で，つまり新しそうに聞こえるということでAI家電と称したものをいいます。世に出回る家電の中には，単純な制御プログラムが組み込まれているだけで「AI搭載」とするものがかつては散見されました。最近はさすがに単純なマイコン制御をAIと称することは少なくなったようです。

　昔のアナログの体温計は，温まると膨張する特徴を用いた水銀などが中に入ったもので，正確な計測には10分ほどかかっていましたが，最近の予測式電子体温計では最短20秒ほどの体温上昇の動きから体温を予測することができるようになりました。体温予測プログラムが内蔵されたマイコンで制御された体温計なのです。

　もう1つ例をあげると，エアコンの冷房設定を25度にしておくと，25.5度になれば自動的にスイッチが入り24.5度になればスイッチが切れる，というのは単純なスイッチング制御に過ぎずAIとは呼べません。人がいなくなったのを感知してスイッチが自動で切れるのも，センサーが働くだけであればAIとはいえません。

レベル1のAIの例
- 予測式電子体温計
- エアコンの冷房設定
- 重さで運転時間が変わる洗濯機
- 暗くなると自動点灯する照明

◆レベル2のAI

　レベル2は，AI進化の3回のブームのうち2回目に登場したもので，AIと呼んでいいレベルです。人から学んだ知識データを元に推論・探索を行うことで，ルールに沿って多彩な動きや判断をすることができます。ただ自ら学習することはできません。人と会話するチャットボットも，「こう聞かれたらこう答える」

と決められたとおり答えることで会話が成立しているように見せている初期のものは，レベル 2 の AI です。

1997 年にチェスの世界チャンピオンとして名高いカスパロフに勝利した IBM のコンピューター「ディープ・ブルー」もこのレベルです。

「ルンバ」のようなロボット掃除機は，センサーで収集した部屋の形や家具の配置を記憶して，情報を AI が判断して状況に合わせて部屋中を掃除し，終われば自分で充電器に戻ります。これも当初のものはレベル 2 でした。

チャプター 2 で触れた「エキスパートシステム」は専門家が AI に大量の知識を教え込み，大きなデータベースを構築してその中から適切なものを検索して選ぶというものでした。このシステムは法律分野では一定の成果が得られました。また医療分野でも，感染症の症状を詳細に打ち込むと病名を教えてくれる Mycin というシステムが米国で開発され，その診断成績は専門医ほどではないがある程度役に立つという評価を得ました。これもレベル 2 の AI です。

レベル 2 の AI の例
- エキスパートシステム
- 初期のロボット掃除機
- 初期のチャットボット
- 初期のチェスや将棋専用のコンピュータープログラム

◆ レベル 3 の AI

レベル 3 の AI では機械学習を用います。多くの「入力データと出力データのペア」を用いて，その関連性をコンピューターに学習・判断させることにより，未知の入力データに対しての回答を推測する仕組みを備えているのです。わかりやすくいうと，「最初にある程度の量の例題と正解を教えてあげれば，あとは自分で学ぶようになる」ということです（チャプター 5 で詳しく説明します）。この後に続くレベル 4 との違いは，学習の要といえる「特徴（着眼点）」を教える必要があるか，ないかです。このレベル 3 からは現代でも「AI」を名乗って差

し支えないでしょう。ではどのような AI がレベル 3 なのでしょうか？

　まず代表的なものに「検索エンジン」があります。初期の Yahoo!（日本）の
ニュースサイトは表示するコンテンツの選択を人が行っていました。世の中の
様々なニュースサイトからピックアップして紹介するという大変な作業を日々繰
り返していたのです。一方 Google の場合は機械的に検索エンジンがコンテンツ
（ニュース）を抽出します。

　検索したときにどのサイトが上位にくるのかは，検索される単語がどのように
使われているかで決まります。検索したときに最初のページにくれば，それだけ
目に留まる可能性は高いので，広告費を払わずにどうやって上位に表示されるか，
サイト運営者は知恵を絞ります（SEO 対策といいます）が，意味なくキーワー
ドを散りばめるだけでは AI にすぐ見破られてしまいます。余談ですが，日本国
内の検索の約 7 割は Google，約 3 割が Yahoo! と 2 社の独占状態ですが，実
は Yahoo! は Google の検索エンジンを使って検索結果を表示しています。

　Web サイト商品の「レコメンデーション」にもレベル 3 の AI が使われてい
ます。大量のデータを分析することで，ある商品を買う人はこの商品も買うこと
が多い，といったことがわかります。明確な関連性がないものどうしのつながり
を見つけることは人間には難しいのですが，AI は大量のデータを人に教わらな
いでカテゴリーごとに分けて関連性を見つけます（これをクラスタリングといい
ます）。中国のアリババ（Alibaba Group）や米国の Amazon，日本の楽天市
場（先の 2 社に比べると規模はかなり小さいのですが）などの電子モールでは
大量の商品が購入されます。たとえば世界最大の電子モールであるアリババが毎
年 11 月に催す「独身の日」には 10 億個以上の荷物が発送され，2019 年は 4
兆円以上の売上がありました。

レベル 3 の AI の例
- インターネットの検索エンジン
- ビッグデータの分析
- 顧客へのレコメンド（商品やサービスの「お勧め」）

◆ レベル 4 の AI

レベル 4 の AI では「ディープラーニング（深層学習：DL）」が登場します。DL についてはこの後の**チャプター** 8 で詳細に解説しますが，ここでは先ほども触れたように，教わらなくても「特徴（着眼点）」を自ら見つけ出していくものだ，ということを理解しておきましょう。自分で「特徴」を見つけて自分で対応のパターンを決めるところまできたということです。

「特徴」，新しい言葉を使いました。たとえばアイスクリームの売上を考えるとき「最高気温が 25 度を超えれば，1 度上がるごとに売上は 5%増える」ということがわかったとしたら，気温はアイスクリームの売上を予測するための特徴の 1 つです（このほかにも天候や，近隣行事の参加者数なども特徴になりそうです）。

かつてはレベル 2 や 3 だった AI でも，最新のものはレベル 4，つまり DL を用いるものが多くなっていることも加えておきたいと思います。それほど DL は AI に欠かせないものになりつつあります。レベル 3 の検索エンジンも，検索ワードが一致しなくても DL で望んでいる言葉を見つけ出してくれるようになっているので，今やレベル 4 といえます。家電にも DL を導入して機能を高めているものは多数発売されています。

このほか，次にあげるものがレベル 4 の AI の代表例です。

◍ スマートスピーカー

Amazon の Alexa，Google の Google Assistant，Apple の Siri など，音声で対話する AI アシスタント機能を搭載するスピーカー。内蔵マイクで音声を認識し，情報の検索や連携する家電の操作を行うことができます。

◍ 自動翻訳

ここ数年で自動翻訳の精度が急速にレベルアップしたことはみなさんもご存じでしょう。数年前まで，とても実際に使えるものではありませんでした。DL の導入でセンテンスの各部分を逐次訳するのではなく，まず文全体の構造や形を見たのち，でき上がったセンテンスを正しい文法に則って調整し並べ替えることで，より適切な翻訳が可能になりました。日々大量のデータが蓄積されていくので，今後ますます精度は上がるでしょう。

◉ 顔認識（認証）プログラム

撮影画像の中にある人間の顔を認識するシステムです。データベースと照合することで個人を識別できるので犯罪捜査，セキュリティなどのシーンにも利用できます（この場合は「顔認証」です）。

◉ 無人レジ

カメラと高精度な画像認識 AI で「来店会員客」を認証し，「カゴに入れた商品の種類と数」を正しく認識し，登録されたクレジットカード情報につなげていきます。

◉ 自動運転車

センサー，カメラ，レーダーが車の周囲のあらゆるモノの動きをコンピューターに送り，瞬時に運転の判断を下します。「完全自動運転」の技術確立まであと数年のレベルになっているとみられています（法整備や倫理の問題は残ります）。

◉ 囲碁対戦プログラム

2016 年に初めて囲碁の世界チャンピオンに勝ったのは Google 子会社である英 DeepMind の AlphaGo でした。この後継機種 AlphaGo Zero は囲碁のルールだけを人間に教わり，あとは 2 台の AlphaGo Zero だけで対局を続け 72 時間後には AlphaGo に 100 戦 100 勝しました（強化学習といいます）。

◉ 新型コロナ対策システム

韓国や中国ではコロナ感染者追跡アプリがすでに導入され，英国や日本でも開発が進められています。ただし，個人情報との兼ね合いで慎重論もあります。このほか，台湾のマスク在庫リアルタイム表示アプリのように，コロナ対策を側面支援するシステムも実用化され，かなりの効果を上げているようです。

最後に AI のレベル分けを今一度表 3-2 にまとめておきます。まだ実現していないレベル 5（この後説明する汎用 AI）も入れておきました。

レベル4のAIの例

- スマートスピーカーのAIアシスタント
  Alexa, Google Assistant, Siri
- 自動翻訳
- 顔認識・顔認証プログラム
- 無人レジ
- 自動運転車
- 囲碁対戦プログラム AlphaGo, AlphaGo Zero
- 新型コロナ対策アプリ（感染者追跡アプリやマスク在庫リアルタイム表示アプリなど）

表3-2 AIのレベル分けの概略

AIのレベル	使われている手法・技術	特　徴
レベル1	単純な制御プログラム	AIと名乗ってはいるが，実は単純な制御プログラムであり，AIが登場する以前から実用化されている
レベル2	ルールベースのAI	探索・推論・知識ベースを用いて課題を解決する。単純な制御プログラムに比べて入力から出力に至る組み合わせの幅が広い
レベル3	機械学習（マシンラーニング：ML）を用いたAI	学習（訓練）用データを学習することで処理のルールや知識を獲得できる。このレベル以上をAIと位置づける研究者・開発者もいる
レベル4	ディープラーニング（深層学習：DL）を用いたAI	MLの主要な手法であるニューラルネットワーク（NN）を改良・発展させたもので，より複雑な課題に対応できる
レベル5	自己を認識し言葉や行動の意味を理解する仕組みを獲得したAI（映画ターミネーターのスカイネットなど）	高性能の量子コンピューターが実用化され，DLレベルのブレークスルーが何度も繰り返された場合に可能になる??

「強い AI・弱い AI」「汎用 AI・特化型 AI」とは何か？

AI には「強い AI・弱い AI」，「汎用 AI・特化型 AI」という 2 つの分類の仕方があります。この分類の定義をまとめたのが**表 3-3** です。

表 3-3　強い AI と弱い AI，汎用 AI と特化型 AI の分類表[*2]

AI を人間に近づけることを目的とするか否かという視点で分類すると	
強い AI （Strong AI）	人間の脳の神経回路網（ニューラルネットワーク）の働きを真似ることで人間の脳の働きを再現しようとする試み，あるいは再現できた場合の AI のこと。知能をもち精神を宿す AI
弱い AI （Week AI）	鳥に似せることから始まった飛行機の研究が「無理に似せなくても空を飛ぶことで人間社会に大きなメリットをもたらせばよい」という方向に進んだように，「必ずしも人間の脳に似ていなくても実社会の様々な分野で大きなメリットを提供できればよい」とする考え方に基づいて開発されている AI のこと
AI を適用範囲の広さという視点で分類すると	
汎用 AI （Artificial General Intelligence）	人間と同様に分野や領域を問わず多様な問題に効率的かつ素早く対応し答えを出せる AI のこと
特化型 AI （Narrow AI）	限定された領域の課題に特化して（人間を超えるような）高い能力を発揮したり，人間に代わって手間のかかる作業をこなしたりする AI のこと

◆強い AI・弱い AI

「強い AI・弱い AI」という言葉を最初に提唱し定義したのは米国の哲学者ジョン・サールです。1980 年に，「人工知能とは何か？」を考察する論文の中で「強い AI」とは「知能をもつ AI で，精神を宿す」ものであり，「弱い AI」とは「人間の知能の一部を代替する機械」と定義しています。

つまり人間のように自分を自覚し（自我をもち），物事を認識し，思考し，判断することで物事を処理していくことができて初めて「強い AI」なのです。

----

*2　J. Searle（1980）"Minds, brains, and programs", Behavioral and Brain Sciences, vol.3 [https://doi.org/10.1017/S0140525X00005756]（2020 年 8 月現在）その他の文献をもとに作成

「弱い AI」は分類，推論，識別など限られた知的処理しか行いません。現代の AI を指しています。

◆汎用 AI・特化型 AI

　AI を適用範囲の広さという点で分類すると「汎用 AI」と「特化型 AI」の 2 つに分類することができます。

　汎用 AI は「分野や領域を問わず，あらゆる問題に迅速，かつ効率的に答えを出す AI」です。複数の分野をこなす AI も出てきていますが，あらゆる問題をこなすには，ハードウエア性能など飛躍的な技術革新が必要でしょう。量子コンピューターの実現はその 1 ステップかもしれません。

　一方の特化型 AI は「特定の分野に特化して高い能力を発揮し業務を処理する AI」です。これまで説明してきたレベル 2〜4 の AI を指します。

3-4 「2045 年にシンギュラリティが訪れる」は本当か？

　シンギュラリティ（singularity）とは，未来学者で人工知能研究の世界的な権威の 1 人であるレイ・カーツワイルが提唱したもので，「AI（人工知能）の知能が地球上の全人類の知能を超える時点」を指す言葉です。「技術的特異点」と訳されています。この時点を超えると，AI は AI 自身でより賢い AI をつくっていくといわれています。ここまできた AI はもはや知能において人間と同等以上のレベルです。

　レイ・カーツワイルが著書『The Singularity Is Near（シンギュラリティは近い）』を発表したのは 2005 年です。この中で将来予測として 2015 年に「家庭用ロボットが掃除をしている可能性」，2010 年代に「高速ブロードバンドの普及」や「VR メガネ（ヘッドマウントディスプレイ）」「バーチャルアシスタント（Apple の Siri など）」が実現するとしています。

　1990 年の時点でインターネットの普及や，チェスの試合で AI が人に勝つ時期についてほぼ正確に言い当てており，そんなカーツワイルの発言だからこそシ

ンギュラリティは世間一般にまで広まったともいえます。

　カーツワイルは，ロボット工学，遺伝子工学，ナノテクノロジーの3つが組み合わさることで生命と融合したAIが誕生すると考えています。「ムーアの法則」を拡張した「収穫加速の法則」がすべての現象に適用できるという立場から，シンギュラリティの到来を2045年と予測しました。

　「ムーアの法則」は「半導体回路の集積密度が18-24か月ごとに2倍になる」という内容です。「収穫加速の法則」はカーツワイルが提唱しているもので「テクノロジーは指数関数的に発展する」というものです。技術革新はムーアの法則以上に加速度をつけて進むので，いつか人間はその速さに追いつけなくなる，としています。

◆シンギュラリティで起きること

　『The Singularity Is Near』には2020年〜40年代の世界も描かれていますが，30年代に人はネットワークを通じて脳から直接，思考を伝達できるようになり，VR（バーチャルリアリティ）で脳内へ直接リアルタイムに情報を送ることができるとしています。

　そして2045年頃，AIは人間には何が起こっているのか理解できないほど，高度な技術革新を次々と起こすようになる，と予測しています。これがシンギュラリティです。

　過激な内容に驚きますが，インターネットが初めて世の中に登場した1990年代前半に，現在のスマホやGoogle検索を予測できた人がいたでしょうか？　その意味で，シンギュラリティの到来を不可能と言い切るのは少しためらいがあります。

　ここまでのAIの進化は半導体の大容量・高速化に負うところが大きいですが，最近は「ムーアの法則」の限界，つまり半導体はこれ以上微細化できず，性能の伸びが止まるのではといわれています。

　その一方で，AIは知識で人間を超えることがあっても，自ら肉体をもつようになったり自我をもったりすることはあり得ない，だからAIは知性で人を超え

ることはない。つまり「強い AI」は生まれない、「2045 年にシンギュラリティ
は来ない」とする専門家は多く、十分うなずけるものです。

◈AI を安全に制御する

　AI が人間の知識レベルを超えるときは早晩くるかもしれません（カーツワイ
ルは 2029 年にそうなると述べています）。**チャプター 14** で述べるように、人
が教え込めば人間に害を与えることもできるようになります。シンギュラリティ
の実現はともかく、野放図な AI の開発は慎まねばなりません。

　この点では、世界的な理論物理学者スティーヴン・ホーキングは、AI は人類
に悲劇をもたらす可能性があると警告し、米 Microsoft 創業者のビル・ゲイツ
や米電気自動車メーカー Tesla のトップ、イーロン・マスクらとともに、常に
AI を安全に制御できるシステムの開発、研究を強く主張しています。AI に肯定
的なカーツワイルも安全運用のためのガイドライン作成の必要性は否定していま
せん。AI 研究で先端を走る Google も、AI が人間から主導権を奪わない方法の
模索や AI の緊急停止機能の開発も進めています。

　シンギュラリティの問題は「人間とは？」を問うことであり、考えるのは無駄
なことではありません。いうまでもなく AI は敬遠すべきものではありません。
AI の有用性は明らかですから、AI がもつことのない知性を鍛え AI を使いこな
す側に回りましょう。

AI による人間の仕事の代替

　人間を超える AI（人工知能）が生まれることは当分なさそうですが，特定の分野で人間以上の仕事をこなす AI はすでに至るところに存在します。このチャプターでは「AI は人の仕事を奪うのか」というテーマについて考えます。AI が今すでにできることを知り，その上で人はどのような仕事にどのような姿勢で取り組んでいくべきかを考えていきます。

4-1 ロボットはどんな仕事を担っているのか

　近年，「AI を搭載したロボット」に関心が集まっています。**チャプター 2** で「AI とロボットは同じものなのでしょうか？　その答えは『別のもの。ロボットの頭脳に当たるのが AI です』」と書きましたが，このセクションでは「AI が脳の役割を果たす自律動作ロボット」を「AI ロボット」と定義し，その実態を説明していきます。工場内で自動車の組み立てなどの作業の一部を担うロボットアームなどが AI によってコントロールされていれば「AI ロボット」です。AI が搭載された対話型の機器が人間に似た姿をしていて自立歩行ができれば，「人型の AI ロボット」です。

◆ どのような AI ロボットが導入されているか

　以下，様々な分野でどのような AI ロボットが導入されているかイメージをつかんでいただくために，特徴的な AI ロボットの事例を列記します。担い手の高齢化が進み，人手不足が深刻な産業では，今後ますます AI ロボットの必要性は高まるでしょう。

◉ AI を活用した第 1 次産業（農林水産業）用ロボットの例

- 害虫を識別してピンポイントで農薬を散布するロボット
- 野菜の種まき，雑草取り，収穫などを自動化するロボット
- 林業の現場でベテランが楽に山を登れる「着るロボット」
- 海水の塩分や水温，養分などを測定する探査ロボット「水中グライダー」
- 漁師の手の動きを真似た「イカ釣りロボット」

◉ AI を活用した製造用ロボットの例

- ベルトコンベア上の廃棄物の断片から資源を識別・回収するロボット
- 10 グラム単位の力加減で繊細な作業を行う部品組み立てロボット
- 危険防止のための柵を設ける必要がない「協働ロボット」

◉ AI を活用した介護用ロボットの例（※実証段階のものが多い）

- 各種のセンサーで発熱や徘徊などを察知し対応する見守りロボット
- セラピーや会話支援により症状の軽減を図る認知症セラピー支援ロボット
- 薬の飲み忘れ・飲み過ぎや誤服用などを防ぐ服薬支援ロボット

工場の自動搬送

変なホテル

図 4-1 AI 活用事例[1]

- -

＊1　自動搬送：©ERIC PIERMONT/AFP，変なホテル：©Kazuhiro NOGI/AFP

- **AI を活用した医療用ロボットの例**
  - ロボットアームで操作する手術支援ロボット（オリンパスなどが開発中）
  - 画像やバーコードをスキャンする機能を備えた自動調剤ロボット
- **AI を活用した物流用ロボットの例**
  - 物流倉庫の中を商品棚ごと運ぶ自律走行ロボット
- **AI を活用した飲食店用ロボットの例**
  - 無人カフェで接客，調理，商品の提供まですべての業務をこなすロボット
  - 「配膳・下膳ロボ」「調理ロボ」「たこ焼きロボ」
- **AI を活用したホテルサービス支援ロボットの例**
  - フロントでのチェックイン・アウトを担当する接客ロボット（変なホテル）
  - 宿泊客がリクエストしたものを客室まで届けてくれるデリバリーロボット
- **AI を活用した警備用ロボットの例**
  - 深夜のビル内をエレベーターも使って巡回し監視する警備ロボット
- **家庭用ロボットの例**
  - センサーで周辺の状況を把握し自動走行する掃除用ロボット
  - 対話や仕草などで人間を癒してくれるペット型ロボット

4-2 「日本の労働人口の 49％が人工知能やロボットに代替される」レポート

　「人は AI に仕事を奪われることになる」と主張する人たちがよく引き合いに出すレポートがあります。2013 年に英国オックスフォード大学のマイケル・A・オズボーン准教授らは，『THE FUTURE OF EMPLOYMENT（雇用の未来）』の中で，「10 〜 20 年以内に，米国で約 47％ の仕事がコンピューター化されるリスクがある」と述べています。

　この論文をもとにオズボーン准教授らと野村総合研究所が 2015 年 12 月に発表したレポートには，日本の労働人口の 49％が人工知能やロボット等で代替可能になると記されています。

◆ 代替されやすい仕事と，そうでない仕事

レポートでは総括として「芸術，歴史学・考古学，哲学・神学など抽象的な概念を整理・創出するための知識が要求される職業，他者との協調や，他者の理解，説得，ネゴシエーション，サービス志向性が求められる職業は，人工知能などでの代替は難しい傾向があります」「一方，必ずしも特別の知識・スキルが求められない職業に加え，データの分析や秩序的・体系的操作が求められる職業については，人工知能などで代替できる可能性が高い傾向が確認できました」としています。

つまり芸術や学術的な仕事と，人と綿密なコミュニケーションを取ることで円滑に進む仕事は AI にとって代わられることは少ないが，単純作業やデータを扱う仕事は AI が人の代わりにできそうな仕事だということです。

◆ 可能性があっても，実際に代替されるわけではない

さらにレポートでは「従事する 1 人の業務すべてを，高い確率（66％以上）でコンピューターが代わりに遂行できる（技術的に AI・ロボットなどで代替できる）職種に就業している人数を推計し，それが就業者数全体に占める割合を算出しています。あくまでも技術的な代替可能性であり，実際に代替されるかどうかは，労働需給を含めた社会環境要因の影響も大きいと想定されますが，本試算においてそれらの社会環境要因は考慮していません。また，従事する 1 人の業務の一部分のみをコンピューターが代わりに遂行する確率や可能性については検討していません」とニュースリリースの最後に記しています。

つまり「技術的に可能かどうかを調べただけであり，実際に代替されるかどうかは別の話」「1 人の人間は 1 つの仕事だけをしているとは限らないので，その人が不要といっているわけではない」と但し書きを加えているのですが，49％という数字だけが独り歩きしてしまっている感もあります。

AI やロボットによって代替されるのは「作業」であって「職業」そのものではないということを強調しておきたいと思います。

● 2015 年「日本の労働人口の 49% が人工知能やロボット等で代替可能」 というレポート

格別の知識やスキルを必要としない単純作業やデータ分析など決まった方法で処理する仕事は AI に代替されやすい。

一方で芸術や学術的な仕事と，コミュニケーションが重要な仕事は残る。

49% という数字はあくまで「代替の可能性」に過ぎない。

表 4-1　コンピュータ化される可能性が高い職業、低い職業[*2]

自動化する可能性が 高い仕事	なくなる 可能性	自動化する可能性が 低い仕事	なくなる 可能性
裁縫師	99%	整備士，修理工の監督者	0.30%
データ入力担当者	99%	セラピスト	0.35%
証券会社事務員	98%	医療ソーシャルワーカー	0.35%
電話オペレーター	97%	振付師	0.40%
レジ係	97%	セールスエンジニア	0.41%
料理人	96%	医師，外科医	0.42%
一般事務員	96%	心理学者	0.43%
秘書	96%	小学校教師	0.44%
受付	96%	メンタルヘルス・カウンセラー	0.48%
ホテルのフロント	94%	聖職者	0.81%
ウェイター・ウェイトレス	94%	薬剤師	1.20%
小売店の店員	92%	営業部長	1.30%
事務オペレーター	92%	最高経営責任者	1.50%
ツアーガイド	91%	ファッションデザイナー	2.10%
バス運転手	89%	弁護士	3.50%

Chapter

4

AIによる人間の仕事の代替

----
*2　Carl Benedikt Frey and Michael A. Osborne（2013）"THE FUTURE OF EMPLOYMENT: HOW SUSCEPTIBLE ARE JOBS TO COMPUTERISATION?" pp.57-72 から引用・編集

4-3 「AI が人の仕事を奪う」は本当に起こるのか？

◆労働者と機械

　確かに今，人がやっている仕事の中にはロボット（AI）がやったほうが効率がよいので「奪われる」ことになる仕事も多いと思われます。しかし少し考えてみると，すでに多くの工場で，かつては人が手作業で行っていた仕事を産業用ロボットが行っています。「ラッダイト運動」という労働者の反乱が 19 世紀初めの産業革命期の英国や欧州で繰り広げられたことを世界史で習った方もいるでしょう。織機が導入され始めて，自分が失業すると恐れた繊維産業の労働者たちが機械を叩き潰して回ったのです。しかしそのような試みは制圧され，機械が工場から消え去ることはありませんでした。実際にはそのようなことをする必要はなかったのです。新しい技術のおかげで次々と新しい仕事が生まれたからです。

　現代でも，モノを生産する現場では多くの産業用ロボットが導入され，その仕事に就いていた人たちが「失業」することになりましたが，多くの工員はそのロボットを取り扱う仕事に就いたり，生産効率がよくなることで生まれる別の仕事に就いています。ロボットは人とは違って 24 時間黙って働き続けます。人と違ってミスを起こしません。人が嫌がる厳しい環境での仕事や，危険な作業もこなします。こういう仕事は「奪われたほうがよい」ものなのです。

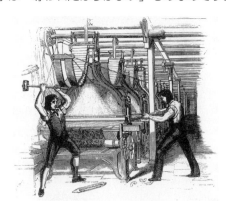

図 4-2　ラッダイト運動における織機に対する破壊[*3]

- -

＊3　Wikipedia [https://ja.wikipedia.org/wiki/ ラッダイト運動] (2020 年 8 月現在)から引用

◆実際になくなりそうな「単純な事務処理」

　一方でこれからなくなる仕事としてしばしば話題に上るのは「単純な事務処理の仕事」です。2017年頃から金融機関などでバックオフィス（店頭で顧客と接しない事務職）の人がやっている仕事をRPA（ロボティック・プロセス・オートメーション）というソフトウエア型ロボットにゆだねることが急速に普及しています。RPAとはオフィスでのデスクワークのうち，定型化している業務を人が定めたルールに従って処理していくプログラムのことです。RPAは単なるソフトウエアとしてパソコンの中に入っているだけでAIを活用していないものも多いのですが，データに基づいた判断や作業の振り分けをAIで行うものが増えていて，今後ますます定着すると考えられています。

◆産業用ロボットも変わりつつある

　次に産業用ロボットについて考えてみましょう。工場の生産ラインで大ぶりなアームを振り回して作業する映像をみたことはありませんか？　人の代わりに部品を取りつけたり，溶接をしたり様々な作業をこなすロボットには数多くのセンサーが取りつけられています。これで作業は円滑に進むのですが，産業用ロボットには「どういう動きをすれば良いのか」を事前に記憶させておく必要があります。作業のやり方は従来人がプログラムを組むことで教えていました。経験が必要な作業で，手間と時間がかかりました。特に力加減や作業のスピードは感覚的なものなので教え込むのは難しいのですが，AIの導入によってロボットが作業手順を自ら改善し，より速く，かつ部品などを壊してしまわない強さで作業を進めるようになりました。

　人の間に入って調理を補助する人型ロボットなども登場しています。従来の大型産業用ロボットは，危険なので人が近寄れないよう柵を設けていましたが，協働型ロボットと呼ばれるものは，センサーで人を感知することで危険を及ぼさないようにプログラムされています。

◆AI は人の仕事を変える

　こういった様々なロボットが普及すれば，人がすべき仕事が変わっていく可能性は高いですが，それは「AI が人の仕事を奪う」ということではなく，「AI が人の仕事を変える」ということではないでしょうか。

　古くは電話交換手，駅の切符切り，バスの車掌，タイピスト，場立ち（証券取引所で売買注文をする証券会社の社員），エレベーターガール（この仕事は今も一部の老舗百貨店に残っています）など，今となっては「これは何だろう」と考えてしまうような仕事もありました。20 年もすればスーパーのレジ打ちや運転手がいる巡回バスなどの写真を懐かしく見るのかもしれません。

図 4-3　証券取引所の「場立ち」と電話交換手の情景[*4]

　AI に代替される仕事か否かの分かれ目は，「過去の事例を学習し判断するといった業務や，日々同じような仕事を繰り返すルーティン業務であるか」です。これらは AI システムが得意とする仕事です。

　このほか，方針さえ与えれば課題解決のルールを見つけてくれるディープラーニング（深層学習：DL）手法を使った高度な AI も登場しているため，もう一段高レベルな分析や推論などの仕事も今後代替されていく可能性があります。

　ただし，AI システムや AI ロボットで代替できるとしても，費用対効果が悪ければ（あからさまにいえば削減できる人件費よりコストがかかれば）代替されない点に注意する必要があります。

- - - - - - - - - - - - - - - - - -

＊4　場立ち：©TOSHIFUMI KITAMURA/AFP，電話交換手：Wikipedia〔https://ja.wikipedia.org/wiki/ 交換手〕（2020 年 8 月現在）から引用

AI に置き換えられない仕事とはどんなものか考えてみよう

◈ どんな仕事が残る？

ではどのような仕事が AI に奪われずに人の仕事として残るのでしょうか？

「士」とつく仕事は奪われそうだ，とよくいわれます。専門職として社会的な評価や高給イメージが強い弁護士，公認会計士，税理士，行政書士，司法書士などの仕事です。確かに，これらの「士」に必要な事務処理の仕事は AI がこなすようになるでしょう。

たとえば弁護士は依頼人の問題を過去の判例に照らして方針を決めますが，判例を調べる作業は AI がするようになるでしょう。六法全書を丸暗記する必要はなくなりそうです（理解はしておく必要はありますが）。公認会計士の仕事も，企業の不正を見つけるためなら AI の方がはるかに早く的確に処理するでしょう。

しかし一般人が「士（さむらい）」業の人に望むのは，悩みを真摯に聞き取ってくれた上で与えてくれる親身で的確なアドバイスなのではないでしょうか。

聞き上手で，難しい内容でもわかりやすい言葉で説明できる「士」は，生き残るでしょう。大切なのはコミュニケーション能力ということになります。

◈ AI に置き換えられにくい仕事の特徴

「AI に代替されにくい仕事」については，いろいろな立場の人が見解や意見を述べています。ここでは，傾聴に値する 2 人の見解を紹介することで，「AI に代替されにくい仕事」の特徴を明らかにします。

最初は独立行政法人経済産業研究所上席研究員である岩本晃一の『AI と日本の雇用』[*5] の中に記されている「人間でなければできない仕事を担う人材」に関する記述からの抜粋です。

- 過去に前例のない事柄や新しい創造的な仕事ができる人材
- デジタル機器を使ったデータ分析で科学的な経営をサポートする人材
- コミュニケーション能力・対人能力をもった人材
- 常に進んだ AI 技術を取得して最新のものにしておく人材

＊5 独立行政法人経済産業研究所の Web サイト［https://www.rieti.go.jp/jp/special/ special_report/ 102.html］（2020 年 8 月現在）から引用・編集

Chapter 4

AIによる人間の仕事の代替

もう1つの注目すべき見解は，『週刊東洋経済2019年4月13日号』の「GAFA勢の軍門に下らない，ポスト平成のキャリア構築術」の中で，ジャーナリストの渡邉正裕が示しているもので，人間にしかできない4つの仕事の分野について次のように記述しています。

- 感情ワーク：人間の「感情」に寄り添う仕事
  （カウンセラー，セラピスト，ウエディングプランナーなど）
- 信用ワーク：人間の「信用」があるからこそ成り立つ仕事
  （金融の法人営業，弁護士，医師など）
- 創造ワーク：ゼロから1を生み出す「創造的」な仕事
  （管理会計，建築設計，企画編集など）
- 職人ワーク：五感を活用する，高度な熟練技能が必要な仕事
  （美容師，理容師，マッサージ師，料理人）

　これらの見解をまとめると，AIに置き換えられにくい仕事を続けるには，以下の4つのいずれかが必要ということになります。

- コミュニケーション能力（ヒアリング力・理解力・説明力・説得力）に秀でていること
- 有益性・信頼性・誠実性に基づく良好な人間関係を確立できること
- 心身に宿る独自性のあるスキルで極めて質の高いモノをつくり出せること
- オリジナリティの高い発想や創造力を駆使して，今までになかった価値あるモノやコトを生み出せること

　これらの能力は現在のAIには備わっておらず，今後も容易に身につけることはできないでしょう。

◆AIの普及によって生まれる仕事はあるか

　まず，表4-2を見てください。政府は高い付加価値を提供することができる専門職のニーズが高まるとの予想を示しています。高度なスキルをもつ「営業販売のスペシャリスト」が114万人，そして「サービスのスペシャリスト」が179万人です。現在この職種の人たちは，新たに生まれるAI関連の職業へのシ

フトを考えるよりも，AI に負けないスペシャリストになることに注力したほうが得策かもしれません。

表 4-2 職業別の従業者数の変化（2015 年度と 2030 年度の比較）[6]

職　業	変革シナリオによって起こること	職業別の従業者数	
		現状を放置した場合	現状を変革した場合
上流工程経営戦略策定担当，研究開発者など	経営・商品企画，マーケティング，R＆D など，新たなビジネスを担う中核人材が増加	136 万人減少	96 万人増加
営業販売（低代替確率）カスタマイズされた高額な保険商品の営業担当など	高度なコンサルティング機能が競争力の源泉となる商品・サービスなどの営業販売に係る仕事が増加	62 万人減少	114 万人増加
サービス（低代替確率）高級レストランの接客係，きめ細やかな介護など	人が直接対応することが質・価値の向上につながる高付加価値なサービスに係る仕事が増加	6 万人減少	179 万人増加
IT 業務製造業における IoT ビジネスの開発者，IT セキュリティ担当者など	製造業の IoT 化やセキュリティ強化など，産業全般で IT 業務への需要が高まり，従事者が増加	3 万人減少	45 万人増加

◆**AI の普及で新たに生まれると考えられる仕事**

AI の普及で必ず必要になるのは，AI 関係の技術者・教育者，AI の導入や活用のためのコンサルタント，トレーナー，アドバイザーです。次に示すような人材が必要になる，あるいは需要が高まることが予想されます。

- AI の研究者
- AI システム・ロボットの設計者
- AI システムのプログラマー
- AI 導入・活用コンサルタント
- AI システム・ロボットのプランナーおよび業務分析者
- AI システム・ロボットの運営管理・保守担当者
- AI 教育および AI リテラシー教育のスペシャリスト
- AI 活用のトレーナー・アドバイザー
- データサイエンティスト

＊6　経済産業省『新産業構造ビジョン』（2017 年 5 月）p.369 をもとに作成

ここから考えると，先ほどの表では「IT 業務」の従業者の増加は「45 万人」でしたが，実際にはもっと多くなるでしょう。一方，AI を導入する企業内では，次のような人材が必要になると考えられます。

- 業務プロセスと業務内容に精通しプロセスをコントロールできる人材
- AI に任せるべき業務と人間がこなすべき業務を切り分ける，業務分析の専門家
- AI を活用した業務プロセスを統轄して，責任をもって事業判断ができる管理者
- AI の精度や変化を監視し，AI システムのエンジニアに再学習などを指示・監督できる人材
- AI システム，AI ロボットなどの導入や更新について費用対効果を分析して，経営陣に適切な報告ができる人材

Chapter 5

AI の実体と構成要素の体系的な理解

　Amazon の「本」で「AI　人工知能」を検索すると，書籍（雑誌）のタイトルやサブタイトルに「AI」または「人工知能」が含まれるものが 1,000 件以上ヒット（2020 年 8 月現在）します。これだけヒット数が多いのは，「AI」という言葉が世の中に急速に浸透しつつあり，メディアにとって大きなトピックとなっているからでしょう。また，「AI　人工知能　入門」で検索すると，300 件以上ヒットします。機械学習，ディープラーニング，Python などのプログラミング言語に特化した書籍もありますが，こんなに多種多様な入門書があると，AI について知りたい読者は困ってしまいます。

　筆者（浅岡）も日本能率協会マネジメントセンターで AI リテラシーの通信教育テキストを書くため，そして本書を書くために 100 冊を超える書籍や雑誌を購入して読みましたが，よくわかるけれど内容が薄く有用性がそれほど高くない数冊の書籍を除けば，情報科学系の学生以外が躓（つまず）かずに読み通せて AI の全体像をしっかり理解・把握できる書籍はほとんどありませんでした。その根本的な原因は，入門書を執筆する人たちに「AI リテラシー」という視点が足りないからだと考えられます。

　こういう状況を踏まえ，このチャプターでは，基礎知識がないと理解が困難な専門技術に踏み込み過ぎず，情報科学系以外の人たちでも AI（人工知能）の本質と概要（要点）を把握できるように，適度に加減しながら解説していきます。

AI をより具体的・現実的に定義してみよう

AI とは何かについては，**チャプター1** の **1-1** で，研究者や辞典の様々な定義を参考に筆者（浅岡）の定義を示しました。このセクションでは，AI をより具体的・現実的に定義します。

◆**より具体的に AI を定義すると**

まず，東京大学大学院工学系研究科人工物工学研究センター教授の松尾豊による AI に関する記述を紹介しましょう。

表 5-1 松尾豊の AI に関する記述[*1]

AI（人工知能）という言葉で指されるもの
1．IT 系：従来からある IT 技術の擬人化 ・フィンテック，IoT，RPA（ロボティック・プロセス・オートメーション），… ・AI の定義がないので AI というのは嘘ではない。が，IT が重要と同義。
2．マシンラーニング系：機械学習や自然言語処理を中心とする技術 ・ビッグデータ，Web 関連，コールセンターのサポート，与信 ・IBM ワトソン，日立 H，NEC the Wise，富士通 Zinrai ・1990 年代からの技術。インターネット企業が活用しているイノベーション
3．ディープラーニング系：「眼」の技術，画像処理と機械・ロボットの融合 ・アルファ碁，医療画像の診断，自動運転 ・2012 年頃からの技術で。世界が今まさに戦っている ・日本は製造業との融合に大きなチャンス

AI をより具体的にイメージしていただくために，もう1つ，国立研究開発法人産業技術総合研究所が設立した AIRC（人工知能研究センター）の Web サイトに掲載されている「AI 活用分野」の研究テーマと事例（トピック）を紹介します。

- - - - - - - - - - - - - - - - -

[*1] 松尾豊『AI の発達により我々の生活・産業がどのように変わるのか』厚生労働省「第4回雇用政策研究会」資料3（2018 年7月）p.31 をもとに作成

表 5-2 AIRC の AI 活用に関する研究テーマ[*2]

活用分野	研究テーマ	事例（トピック）
空間の移動	地球全域の監視	—
	スマートな移動	衛星画像を用いた地上施設の自動検出
		走行車両による 3 次元地図自動作成
生産性	「ものづくり」現場の品質・精度の向上	風力発電の故障予兆検知
		動作模倣ロボット
	「ものづくり」の現場の支援と新規サービスの創出	現場サービスの質向上と新規サービス創出支援
		リビングラボを活用した生活機能レジリエントサービス開発
健康・医療・介護	健康寿命を楽しむための診断や創薬技術の開発	機械学習による医用画像診断支援
		遺伝性疾患の原因解明に向けた人工知能応用
安心・安全	動画の自動説明機能や災害時の避難誘導などに AI を活用	動画像の内容説明自動作成
		AI による避難誘導支援
その他	基礎技術・インフラの開発	—

◆ **AI の実体・本質を要約すると**

チャプター 1 の表 1-1 および表 1-2 と，表 5-1 および表 5-2 の内容を俯瞰(ふかん)すると，次の 6 点が見えてきます。

- AI は人間の脳の働き・仕組みを模倣することから研究が始まった
- AI は人間の知能に追いつき追い越そうとしている
- AI は一部の能力（知能）ではすでに人間を超えている
- AI は高度な情報処理の手法（仕組み）である
- AI を活用するときの実体はコンピューターシステムである
- 社会の様々な分野ですでに実用化されている

----

*2 AIRC の Web サイト [https://www.airc.aist.go.jp/]（2020 年 8 月現在）に掲載されている情報をもとに作成

これを踏まえ，本書では，AI（人工知能）を下記のように定義します。下記の定義は，**チャプター1**の**1-1**に示した定義をより具体化したものです。

> AI（人工知能）とは
> 人間の脳の働き（知能）の一部を模すことから始まり，
> 人間に追いつき追い越そうと改良・発展を続け，
> 一部の能力ではすでに人間を超えている
> 高度な情報処理の手法（方法論），
> あるいはそれをシステムに落とし込み実用化したもの

5-2 AI・機械学習・ディープラーニングの相互関係を考えよう

多くの書籍や新聞・雑誌，論文などでは，AI，機械学習（マシンラーニング：ML），ディープラーニング（深層学習：DL）という語が3者の相互関係を明示せずに使われるケースが多く，AIの本質を理解する妨げとなっています。このセクションでは，図解を中心に3者の関係を明確にします。

◆AI，機械学習，ディープラーニングは高度な情報処理の手法（方法論）

5-1に示した定義にあるように，AI（Artificial Intelligence：人工知能）は「高度な情報処理の手法（方法論）」です。それでは，AIで頻繁に登場する機械学習（ML）とディープラーニング（DL）は何を指すのでしょうか？ MLは，従来のAIよりも高度な処理が可能な手法（方法論）を指します。また，DLは従来のMLよりも高度な処理が可能な手法（方法論）を指します。

今「高度」という言葉を使いましたが，現実の社会（リアルワールド）では「道具（「AIシステム」も道具の一種）は高度であればあるほどよい」わけではありません。たとえば，インスタントコーヒーをいれるために高機能なドリップマシンを使う人はいないでしょうし，魚をさばくのに手術用のメスを使う人もいないはずです。「過ぎたるは及ばざるが如し」という諺を思い出してください。

要するに，解決すべき課題・問題のタイプや複雑さなどに応じて適切なレベルの AI を選ぶ必要があるということです（実は，ML や DL という前に AI すら不要というケースも少なくないのです）。大切なのは，「適材適所」という考え方です。もちろん，より複雑で解決が困難な課題・問題が解決できる「高度な」AI が開発されること自体は決して悪いことではありませんが……。

◈AI，ML，DL の相互関係は

　書籍や専門誌の多くには，AI，ML，DL の関係図が示されています。本書でも，3 者の相互関係を把握していただくために，AI，ML，DL の関係図を示します。

図 5-1 AI，ML，DL の包含関係図[*3]

　ただし，3 者の包含関係については，「ML すべてが AI に含まれるとは言い切れない」といった意見もあるため，絶対的なものではないと考えてください。

　AI の定義や範囲はかなりあいまいなものであり，AI に社会的な関心が高まるにつれて AI の範囲が拡大してきているようです。AI の範囲が拡大している理由の 1 つは，これまで AI の範囲に入らなかったような機能やプログラムを AI と呼ぶことで顧客へのアピール性を高めるというマーケティング戦術にあるようです。しかし，そのような商業主義的な風潮に対して，「自己学習機能をもっていないものを AI と呼ぶのはどうか」とか「機械学習の範囲に入っていないものは AI ではないのでは」という意見も少なくありません。とりあえず本書では，現在の趨勢を踏まえて，AI，ML，DL の相互関係を明確化していきます。

＊3　総務省『令和元年版 情報通信白書』（2019 年 7 月）p.83 の「図表 1-3-2-1　AI・機械学習・深層学習の関係」その他の文献をもとに作成

ここで注意していただきたいのは，AI の一部が ML であり，さらにその一部が DL だという点です。

◆ML と DL を簡潔に定義すると

　各手法については次のセクション以降で詳しく説明していきますので，ここではまず表 5-3 で ML と DL のイメージを捉えてください。

表 5-3　ML と DL の簡潔な定義

機械学習 （マシンラーニング：ML）	入力されたデータを機械（コンピューターマシン）に学習させることで適切な解を出力させる手法（方法論）。データの学習時に機械に抽出させる「特徴」を人間が指定しておく必要がある。
ディープラーニング （深層学習：DL）	機械学習の主要な計算技法（アルゴリズム）であるニューラルネットワークのコアとなる処理層（中間層）を複層化してより複雑な処理ができるようにした手法（方法論）。従来の機械学習との最大の違いは，学習（訓練）用データの「特徴・特徴量」が機械（マシン）によって自動的に抽出されること。

5-3　ニューラルネットワークの位置づけについて考えよう

　ここまで，AI，ML，DL の相互関係について説明しましたが，AI にはもう 1 つ「ニューラルネットワーク（NN）」というキーファクターがあります。このセクションでは，AI，ML，DL と NN との関係について説明します。

◆ニューラルネットワークとは何か

　「ニューラルネットワーク（NN）」は，基本的には，AI を構成する主要な手法（方法論）である ML で用いられる計算技法（アルゴリズム）の 1 つです。「計算技法」とは，コンピューターで計算を行うときの技法で，問題解決の手続きを定式化したものです。なぜ，ML で用いられる計算技法の 1 つである NN が AI のキーファクターになるのでしょうか？　それは，NN が現行の ML の主要な計

算技法であり，それを拡張・改良した手法（方法論）が DL だからです。

　すなわち，NN は ML で用いられる計算技法であるとともに，ML を構成する主要な手法（方法論）と位置づけることも可能です。

◆AI，ML，NN，DL の相互関係は

　AI，ML，NN，DL の相互関係を図示すると，図 5-2 のようになります。ただし，4 者の包含関係については，「NN は ML の計算技法の 1 つでしかないのだからこのような包含関係で示すのは適切ではない」という意見もあるため，絶対的なものではないと考えてください。

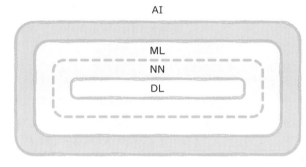

図 5-2　AI，ML，NN，DL の包含関係図[*4][*5]

◆現行の AI の範囲はかなりあいまい

　前にも述べたように，現在の AI の定義や範囲はかなり大まかであいまいです。AI の研究者・開発者の中には，「AI と呼んでいいのは機械学習（ML）から」という人も少なくありません。筆者（浅岡）もその意見に賛成ですが，とりあえず上記の図で，AI の中核を成す 3 つの手法の関係を把握しておきましょう。

＊4　FUJITSU JOURNAL「Deep Learning 概説 ―AI の核となる機械学習技術の最先端―」
　　（2018 年 11 月 29 日 掲 載）[https://blog.global.fujitsu.com/jp/2018-11-29/01/]
　　（2020 年 8 月現在）「図 1　AI，機械学習，ニューラルネットワーク，Deep Learning
　　の関係」その他の文献をもとに作成
＊5　ここでの NN は，後述する階層型 NN を指す。NN はその他にも相互結合型 NN をはじめ，
　　脳の神経細胞ネットワークの働きをどのように解釈するかによって様々なものがある

Chapter 5　AIの実体と構成要素の体系的な理解

ここで注意していただきたいのは，ML の一部が NN（ML を実現する主要な手法）であり，さらにその一部が DL（NN を拡張して高度化したもの）だという点です。

◆ML，NN，DL を簡潔に言い表すと

　AI の構成要素をきちんと理解するために，表 5-4 を参照して，ML，NN，DL の概要と相互関係をしっかり把握しておきましょう。

表 5-4　**ML，NN，DL のイメージ（定義）**[6]

機械学習 （マシンラーニング：ML）	入力データとして読み込ませた大量のデータを機械（コンピューターマシン）に学習・処理させて適切な解（答え）を導き出させる（出力させる）手法
ニューラルネットワーク （疑似的な脳神経回路網：NN）	ML の主要な計算技法（アルゴリズム）の１つで，人間の脳の「神経回路網」を模してつくられたコンピューターシステム上の「情報処理（思考）回路」によって解（答え）を導き出すための技法（手法）
ディープラーニング （深層学習：DL）	ニューラルネットワークのコアとなる処理層（中間層）を複層化してより複雑な処理ができるようにした手法

＊6　各種の書籍や専門誌の記事をもとに作成

Chapter **6**

機械学習の本質と基本原理

　機械学習（マシンラーニング：ML）に関しては数百冊の入門書や解説書が出版されていますが，残念ながら，MLの本質，概要，基本原理を専門知識がない人にもわかるように噛み砕いて説明している本には，ほとんど出会ったことがありません。IT技術者向けの書籍は別ですが，「入門」「超入門」などがタイトル回りにある本でも，「回帰」「特徴量」「アルゴリズム」「SVM」「クラスタリング」「モデル」「バックプロパゲーション」といった専門用語が説明なしで普通に登場します。意味がわからない専門用語がキーワードとして1ページに何度も出てきたら，読者はそこで挫折してしまうか，理解できないまま先へ進むしかありません。

　本書では，そういう事態を招かないよう注意を払いながら用語を選び補足をしながら説明しています。特に，このチャプター6からチャプター8までは，AI（人工知能）の本質を把握する上で必要不可欠な部分なので，ていねいに解説していきます。

　ただし，技術的な内容にある程度は踏み込む必要があるため，紙幅の都合で意味を説明しきれない専門用語も出てきます。そういう用語については，「本書では詳しく知る必要がない用語ですが，興味があれば巻末付録「AI関連用語解説集」で意味を調べてください」といった但し書きをつけてあります。

　ITやAIに関する知識がほとんどない人たちに内容を読んでもらい，内容が理解できることを確認済みですので，尻込みせずに読み進んでください。

6-1 単純な制御技術や機械学習ではない古典的な AI 手法について

　最近は，AI といえば機械学習（マシンラーニング：ML）というイメージが定着しつつあるようです。それは，ML が実用化されてから科学技術や医学・薬学などの特殊な分野以外での活用が急速に進み始めたからでしょう。このセクションでは，ML の範囲に入らない "AI" について説明します。

◆ AI と ML との関係は？

　2000 年代に入って ML が産業界で普及し始めるにつれて，AI に対する社会的な認知度が高まってきました。そういう意味で，AI と ML はイコールではないにせよ，ニアイコール（≒）の関係にあるといってもよいでしょう。ただし，1 つ注意が必要なのは，「ML であれば AI である」とはほぼいえますが，「AI であれば ML である」とはいえないということです。

　この関係性を図示すると，図 6-1 のようになります。

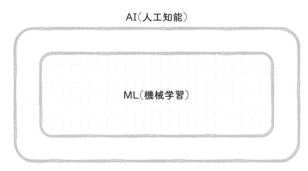

図 6-1 **AI と ML の包含関係図**[1]

◆ AI ではあるけれど ML ではないものは？

　図 6-2 のアミがかかっている帯状の部分は，AI ではあるけれど ML ではないものを表します。

- - - - - - - - - - - - - - - -
[1]　AI 関係の書籍，専門誌，論文の分類・定義・図解をもとに作成

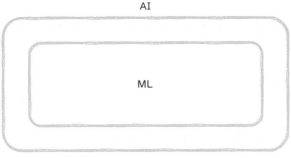

AI

ML

図 6-2 AI であって ML ではないもの

　この部分は，現在の AI の主流である ML より以前のものであり，AI と呼ぶ
か呼ばないかは意見の分かれるところです。そこにはどんなものが含まれるか，
具体的に見てみましょう。

◉ **単純な制御プログラム**
- パソコンやスマホの文字変換機能
- 温度に反応して温風や冷風の強弱を調整するエアコンの機能
- 湿度に応じて除湿や加湿の強弱を調整するエアコンや加湿・除湿機の機能
- 対象物の質量（重さ）に応じて加温時間を調節する電子レンジの機能

◉ **古典的な AI**
- センサーにより障害物の検知や既走行域を把握する掃除ロボットの機能
- 人感センサーにより人の位置や体温を検知して風向や強弱を調節するエアコンの機能
- 古典的なチェスや将棋の指し手判別プログラム
- ルールベースの古典的なチャットボット（自動対話機能）
  ※「ルールベース」とは，「プログラムに人間が明示したルールに従って」という意味を表します。
- ルールベースの古典的なチェス・将棋の対戦プログラム
- ML を使わない古典的なエキスパートシステム
  ※「エキスパートシステム」とは，各分野の事例情報とエキスパートの知見に基づいて推論・判断を行うシステムのことです。

「単純な制御プログラム」は，**チャプター3** の 3-2 で「レベル1」に分類したものです。これらは，以前は AI とは呼ばれていなかったもので，マーケティング的に有効であるという理由から，企業が「AI の範囲」に押し込んだものといえるでしょう。

2つ目の「古典的な AI」は，3-2 で「レベル2」に分類したものです。第2次 AI ブーム時に AI と位置づけられていたものですが，現在では AI の主流とはいえなくなっています。ただし，これらの中には改良されて ML や DL に応用されているものもあります。

6-2 機械学習の本質とタイプ・基本原理を把握しよう

6-1 で述べたように，最近では ML が AI と近い意味で使われています。しかし，ML と ML ではない AI には大きな違いがあります。このセクションでは ML の本質を明らかにします。

◆ ML の本質を知ろう

これまでのコンピューターを用いた問題解決手法（具体的にはコンピューターシステム）と ML システムとの根本的な違いは，「自己学習機能を備えているか否か」です。すなわち，「自己学習機能を備えていること」が ML であることの必要条件すなわち本質といえます。

従来のコンピューターシステムでは，どんなデータ（情報）をどんな方法で処理してどんな答えを出すかをプログラム内にステップごとに詳細に指定しなくてはなりませんでした。つまり，人間が考案した処理方法を人間に比べてはるかに高速で実行することがコンピューターシステムの役割でした。

それに対して，「ML ではデータを与え学習の仕方を（多くの場合は答えも）教えれば，コンピューターシステム自身が学習して正しい答えが出せるようになる」のです。こう述べると，多くの人が「確かに，ML は人工知能と呼ぶにふさわしい高レベルのものなんだ！」と誤解してしまいます。でも，残念ながら ML

はまだ人間ほど賢くはありません。

　最初に覚えておいていただきたいのは，ML システムは人間のように自然言語で物事を考えたり直感的に物事を判断したりすることができないという点です。従来のシステムと同様に，ML システムも計算処理しかできません。文章（テキスト）や会話の音声，写真や動画などを処理するには，必ず情報をデジタル（数字）データに置き換える必要があるのです。最近の ML には人間の感情や感性を数値化して活用できるものもありますが，そういう前処理もすべて人間が細かく指示したプログラムによって行われます。

　もう 1 つ大事なことは，ML システムが自己学習して正解にたどり着く手順をプログラムに具体的に記述しなければならないこと。ML システムで実際に課題（問題）を解くには，何種類もある計算技法（アルゴリズム）の中から対象となる問題の解決に最適と考えられる技法を選択し，システムに渡される入力データを処理するためのモデル（入力データから答えを導き出すための処理フローまたは関係式）を作成しなければならないのです（計算技法やモデルについては，以降のセクションで説明しますので，ここでは何となくイメージできれば十分です）。また，対象となる問題の解決に適する計算技法が存在しない場合に，既存の計算技法を改良したり新たな計算技法を開発したりするのも，人間の役割です。

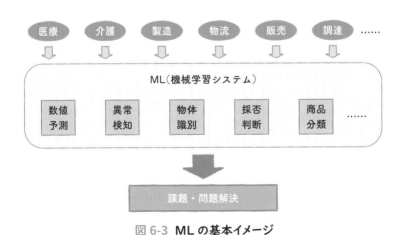

図 6-3 ML の基本イメージ

◆ML のタイプとタイプ別の基本原理を知ろう

　ML の分類の仕方はいくつかありますが，一般的には「教師あり学習」「教師なし学習」「強化学習」の 3 つのタイプに分類されます。このほか，教師あり学習と教師なし学習の性質を併せもった「半教師あり学習」というタイプを設けるケースもあります（図 6-4 のアミが濃い部分）。

図 6-4　**ML のタイプ分類**[*2]

◉ 教師あり学習の特徴と基本原理

　教師あり学習は，学習（訓練）用データと正解データ（教師データ）を ML システムに入力して学習させる方法です。たとえば，いろいろな種類のイヌの画像に「イヌ」というラベル（正解）をつけて学習させる方法は教師あり学習に分類されます。そうすることで，ラベルのない多数の画像の中からイヌの画像を見つけ出すことができるようになるのです。

　教師あり学習の計算技法（アルゴリズム）は大きく「分類」と「回帰」に分けることができます。

＊2　総務省『AI ネットワーク社会推進会議 AI 経済検討会報告書』（2019 年 5 月）p.31 の「図表 30：各学習方法において必要となるデータ」その他の資料をもとに作成

> 教師あり学習で用いられる計算技法（アルゴリズム）のタイプと目的
>
> ● 分類：データを複数のグループ（クラス）に分ける
>
> 　前出の例のようにイヌか否かを識別するといった意味で「識別」と呼ばれることもある。このほか，ある顧客層に特定のサービスが適しているか否かを判別するといった用途にも用いられる。
>
> ● 回帰：入力されたデータ全体の傾向を見る
>
> 　たとえば，これまでの研究開発投資と売上額との実績値の相関関係から 5,000 万円の追加投資をした場合にどのくらいの売上増につながるかを予測するといった用途に使われる。

教師あり学習の主な用途は下記のものです。

教師あり学習の主な用途

- 過去 10 年分の年度末決算情報から来年度末の経常利益を予測する
- 学習用データが大量に存在する言語（英語，ドイツ語，フランス語，中国語，日本語など）の文章を同様の異なる言語に翻訳する（※データが少ないと翻訳精度が低くなる）
- 顧客の購買履歴からクレジットカードの異常な使用を検知する

◉ 教師なし学習の特徴と基本原理

　教師なし学習の最大の特徴は，正解データが存在しないことです。正解のない多数のデータを「特徴（データの特性）」ごとにグループ分けするクラスタリングや，次元（特徴の数）が多過ぎる場合に次元の数を減らす次元削減といった技法があります。

　教師なし学習の計算技法（アルゴリズム）は「クラスタリング」と「次元削減」に分けることができます。

教師なし学習で用いられる計算技法（アルゴリズム）のタイプと目的

● クラスタリング：たくさんのデータから（MLシステムが）似ていると判断したデータをグループ化する

「通販サイトで扱う多数の商品をグループ化する」といった場合に用いる。人間が考えつかないような有効な分け方（ルール）を見つけてくれる可能性がある点が教師なし学習のメリット。

教師あり学習の「分類」と教師なし学習の「クラスタリング」では基本的な方法が異なる点に注意する必要がある。「分類」は教師ありデータに対して行われ，「クラスタリング」は教師なしデータに対して行われる。

また，クラスタリングの一種である k 平均法などの計算技法（アルゴリズム）を用いて画像データを圧縮することもできる。

● 次元削減（情報圧縮）：主に主成分分析という計算技法（アルゴリズム）を用いることで，大量のデータの中から重要性の高いデータを抽出したり，情報量が多く処理に時間がかかる画像データや動画データを圧縮したりする

たとえば，中学生の模擬テストには国語，数学，理科，社会，英語という5つの科目があるので，模擬テストのデータは5次元（特徴が5つ）となる。仮に，Aさんの得点が国語90点，数学59点，理科71点，社会86点，英語94点だとする。たとえば，国語・社会・英語の文系科目グループと数学・理科の理系科目グループに分け，文系科目の平均点90点と理系科目の平均点65点を比較してどちらが得意か判別するとすれば，次元が5次元から2次元に削減されることになる（Aさんは文系科目が得意だということがわかる）。

教師なし学習の主な用途は下記のものです。

教師なし学習の主な用途

- 百貨店のポイントカードの購買履歴を用いて顧客をグループ分けし，グループごとに販促メールの内容や付与する特典を変える
- ネット通販での商品分類をより効果的なものにするために，商品紹介情報を使って商品をグループ分けする
- 画像データの圧縮により人物写真の照合処理を高速化する

◉ 半教師あり学習の特徴

半教師あり学習は，教師ありと教師なしを組み合わせたものです。半教師あり学習を使用する場合は，ラベル（正解）つきの少数のデータとラベルなしの多数のデータを入力します。この方法には，教師あり学習においてラベルのない大量のデータを扱う場合にラベルづけの作業を大幅に減らすことができるというメリットがあります[*3]。人間を含めほとんどの生物は半教師あり学習をしているといわれているため，これは有効な方法ではないかと考えられています。たとえば，親が乳幼児にバナナを食べさせながら「バナナ」と教えると，絵本に出てくるバナナのイラストやテレビに映るバナナの映像などを見て自分でバナナの特徴を覚えていく，という学習法が「半教師あり学習」です。

半教師あり学習の主な用途は下記のものです。

半教師あり学習の主な用途

- 少数しかラベルづけされていない大量の写真データを整理する
- 顧客から届いた大量の電子メールの一部にカテゴリー名（ラベル）をつけることで，すべてのメールを自社が望むいくつかのカテゴリーに分類させる

＊3　Xu Ji, João F. Henriques, Andrea Vedaldi（2018）"Invariant Information Clustering for Unsupervised Image Classification and Segmentation"，［https://arxiv.org/pdf/1807.06653.pdf］（2020年8月現在）その他の文献をもとに記述

◉ 強化学習とは

強化学習とは，単独の行動ではなく一連の行動の結果がもっともよくなる（結果に応じて得られる評価値（報酬）の和が最大になる）ように学習させる仕組みのことです。強化学習は，ゲームに勝つ最適な行動戦略を見つけ出すためや製造現場でのロボットアームの制御を最適化するためなどに用いられます。1990 年代には研究・開発が盛んでしたが，複雑な状況（状態）を的確に把握して行動に結びつけることが難しいという問題から 2000 年代に入るとしだいに勢いが衰えていきました。その後，DL と組み合わせた「深層強化学習」が登場し，勢いを取り戻しつつあります（詳細は**チャプター 8 の 8-2「深層強化学習とは何か？」**を参照）。

強化学習の主な用途は下記のものです。

強化学習の主な用途
- 対戦型ゲーム（チェス，囲碁，将棋など）の指し手を決める
- 状況に応じて動作する機械（ロボットなど）を制御する

◆ ML で使われる計算技法（アルゴリズム）

ML の「教師あり学習」「教師なし学習」「半教師あり学習」「強化学習」で使われる主要な計算技法を**表 6-1** にまとめました。それぞれの学習タイプにいろいろな計算技法があることを知っておいてください。個々の計算技法の名前を覚える必要はありません（6-4 に各計算技法の概要説明があるので，「こんなことをするものなのか」というイメージをつかんでおけば大丈夫です）。

なお，この表の計算技法の分類は絶対的なものではなく，複数のタイプで用いられる計算技法もあるということに留意してください。

表 6-1 ML で使われる主要な計算技法

ML の 4 つのタイプ	各タイプで用いられる主な計算技法（アルゴリズム）
教師あり学習 （分類，回帰）	・ニューラルネットワーク ・ランダムフォレスト　・ブースティング ・SVM（サポート・ベクター・マシン）（・クラスタリング） ・線形回帰　・ロジスティック回帰
教師なし学習 （クラスタリング， 次元削減）	・階層型クラスタリング　・k 平均法　・主成分分析 （・ニューラルネットワーク）
半教師あり学習	・協調フィルタリング　（・ニューラルネットワーク）
強化学習 （行動戦略や制御 の最適化）	・SARSA 法 ※ State ⇒ Action ⇒ Reward ⇒ State ⇒ Action の頭文字 ・Q 学習　・モンテカルロ法　（・ニューラルネットワーク）

◈ML の本質をわかりやすく定義すると

　ここまでの説明や情報を踏まえて機械学習（ML）の本質をわかりやすく定義すると，下記のようになります。

> 機械学習（ML）とは
> 入力データを機械（マシン）に学習させることで適切な解を出力させる
> AI の代表的な手法（方法論）であり
> 「教師あり学習」「教師なし学習」「半教師あり学習」「強化学習」の
> 4 タイプに分類される

　ただし，何でもシステムにお任せというわけではなく，ML で使える各種の計算技法（アルゴリズム）の中から対象となる問題の解決に最適と考えられる技法を選択し，システムに渡される入力データを処理するためのモデル（入力データから答えを導き出すための処理フローまたは関係式）を作成しなければなりません。

　従来の AI に比べるとかなり賢くなってはいますが，計算技法を開発・改良する人間やモデルを作成する人間の賢さ（創造力）にはまだ遠く及ばないレベルといえるでしょう。

ML を使うことで，以前は解けなかった高度な（複雑な）問題が解けるようになりました。しかし，ML にはよいところばかりではなく，問題点もあります。このセクションでは，ML のメリットとデメリットを明らかにします。

◆ML のメリットは

従来の AI（ML 手法を用いていない AI）と比較すると，ML には下記のようなメリット（特長）があります。

◉ 従来の AI のようにシステムの挙動をすべて指示する必要がない

従来型の AI システムでは，入力したデータをシステムにどういうルールでどういうステップで処理させるのかを細かく指示しなければなりませんでした。一方，ML では，「学習教材，学習の仕方，正解を導き出す道筋を教えるから自分で勉強して正解が出せるようになってね」という感じで，ML システムにお任せの部分が増えたということです（6-2 の最後で述べたように，実際はまだ「お任せ」にはほど遠いのですが……）。

◉ 大量のデータ学習をさせることでより適切な結果を出力させることができる

人間が処理しきれないような大量のデータを学習させることで，これまでよりも的確な結果を出させることができます。データの総数（母数）が多くなればその分だけ学習の信頼性が高まるからです。

◉ 人間では扱いきれない膨大なデータを短時間で学習させることができる

同じ時間で見ると，ML は学習できるデータの量が人間とは比べ物になりません。つまり，ML 手法を用いると，大規模データを解析して何らかの答えを出すといった，これまでは無理だった課題（たとえば，共通第一次学力試験と大学入試センター試験全科目の 41 年分をすべて学習し，2020 年度用の模擬試験で高得点を取るといった課題）を短時間で解決することが可能になったのです。

◈ ML のデメリットは

ML には前述のように大きなメリットがありますが，処理が大規模化・複雑化する分，下記のようなデメリット（問題点）も生じます。

◉ データの量が少ないと適切な答えを導き出すのが難しい

ML システムに入力できる（学習させられる）データの量が少ないと，適切な答えを導き出すことが難しくなります。データ量が少なくても信頼性が低下しないような方法が開発されつつありますが，まだ十分とはいえません。そもそも，データ量が少なければ，ML でない AI のほうが適している（場合によっては AI でなくてもよい）ケースもあります。

◉ 大量のデータを高速で処理できるハードウエア資源が必要である

文字データであっても，100 万件を超えるようなケースでは，高性能のCPU（中央演算装置）や高速の入出力装置，大容量の記憶装置などが必要になります。また，大量の画像や動画を扱う場合は，高性能の GPU（画像処理装置）も必要になります。ハードウエア（機器類）は年々性能が向上し価格も下がっているとはいえ，ML を日常的に使う場合は，かなりのコストがかかります。

◉ データに偏りがあると望ましくない答えが導き出される恐れがある

解決したい問題・課題に関連するあらゆるデータを集めて使うことは不可能なので，ある程度範囲が限定されたデータを用いるしかありません。そうした場合にデータに偏りがあると，期待したような結果が出力されない恐れがあります。差別的な意見や政治的に偏った見解が多く含まれるデータを学習させてしまったことで不適切な結果が導き出された事例がいくつも報告され，社会的な問題となっています。

◉ データの「特徴」（特性）を人間が指定しなければならない

チャプター 8 で説明する DL ではシステム側で「特徴」を自動抽出しますが，一般的な ML では，データの「特徴」をあらかじめ人間が指定しておく必要

があります。たとえば，物流において荷物を分類する際には，荷札に記された情報から各商品の「送り先の住所」「重さ」「体積（3辺の合計）」「ワレ物か否か」「要冷蔵か否か」といった特徴（特性）を抽出して分類する必要がありますが，これらの特徴は人間が指定しておかなければなりません。

◉ 過学習（データの丸暗記）を引き起こすと予想精度が極端に悪くなる

「過学習（過剰適合）」とは，学習を繰り返すうちに学習（訓練）用データに適合し過ぎることで，学習用データでは正解率が高いのに実際に処理するデータでは正解率が低くなってしまう現象を指します。過学習を防ぐ方法がいろいろ開発されてはいますが，知恵と工夫を要する大変な作業です。

6-4 機械学習で用いられる計算技法の概要（参考）

このセクションでは，表6-1に示したMLの主な計算技法（「NN」はチャプター7で詳説）を概説します。技法の説明には技術的な内容が含まれていますが，イメージだけつかんでおけば十分です。

◆ 教師あり学習で用いられる主な計算技法（アルゴリズム）の概要

以下の計算技法の概要イメージを捉えてください。

・ランダムフォレスト

機械学習において分類や回帰に用いられる計算技法の1つで，多数の決定木（どちらを選択するかで枝分かれしていくツリー図）を作成して解を導き出すのが特徴です。

・ブースティング

複数の学習器（学習の仕組み）を組み合わせて正解率を高めるアンサンブル学習において，誤判定した学習器に注目してパラメーターを調整する計算技法です。

- SVM（サポート・ベクター・マシン）

　パターン認識（画像や音声といった非デジタル情報をパターン化して認識すること）用の計算技法の1つであり，分類や回帰に使うことができます。

- 線形回帰

　統計学における回帰分析技法の一種であり，説明変数（入力する値）x を用いてそれと相関する目的変数（出力される値）y を予測する計算技法です。

- ロジスティック回帰

　複数のパラメーター（変数）を使って質的な確率（ある事象の発生率）を予測する計算技法です。

◆ 教師なし学習で用いられる主な計算技法（アルゴリズム）の概要

以下の計算技法の概要イメージを捉えてください。

- 階層型クラスタリング

　対象全体を1つにまとめたクラスターを頂点とし，最下層に1つの対象のみを含むクラスターが並ぶような階層構造を形成するクラスタリング手法です。この階層構造を図で表したものをデンドログラム（樹形図）と呼びます。類似度が高いものどうしを順にグループ化していく形で階層化が行われます。

- k 平均法（k-means 法）

　クラスターの重心（座標の平均値）を計算し，与えられた k 個のクラスターに分類することから名づけられた非階層型クラスタリングの計算技法です。

- 主成分分析（Principal Component Analysis：PCA）

　多種類のデータを要約するための分析を行う計算技法です。データの特徴量の項目数（次元）を減らすための次元削減に用いられます。

◆ 半教師あり学習で用いられる主な計算技法（アルゴリズム）の概要

以下の計算技法の概要イメージを捉えてください。

- 協調フィルタリング

　Web サイトなどから入手し蓄積した多数の意見や評価に基づいて，嗜好の

Chapter

6

機械学習の本質と基本原理

似たユーザーが高評価を与えたものをリコメンド（推奨）することを主目的とした計算技法です。

◆ **強化学習で用いられる主な計算技法（アルゴリズム）の概要**

以下の計算技法の概要イメージを捉えてください。

- SARSA 法（State ⇒ Action ⇒ Reward ⇒ State ⇒ Action の頭文字）

強化学習で用いられる代表的な計算技法で，「状態」⇒「アクション」⇒「報酬」⇒「状態」⇒「アクション」というプロセスで答え（次にとるべきアクション）を導き出すのが特徴です。

- Q 学習

「強化学習」で用いられる計算技法の1つで，実行するルールの有効性を表すQ値を用い，行動結果に応じてその値を更新するのが特徴です。

- モンテカルロ法

よくわかっていない現象に対して，ありとあらゆるパターンを，乱数を用いて試すコンピューターシミュレーションの手法の1つであり，円周率の近似値を求めるためなどに使われます。特に強化学習においては，与えられた環境に対する行動の開始から終了までの期間を意味するエピソードが終了した時点で，獲得できた報酬の総和をもとに行動を修正していく計算技法（アルゴリズム）です。囲碁や将棋の手を決定する際などに使用されます。

Chapter 7

ニューラルネットワークの概要とポイント

　このチャプターでニューラルネットワーク（NN）をとりあげる理由は，チャプター6で解説した機械学習（AIの主要な手法）で用いられる中心的な計算技法（アルゴリズム）であること，そして現行の第3次AI（人工知能）ブームの牽引役となっているディープラーニング（深層学習：DL）のベース技術だからです。「機械学習にはNN以外にもたくさんの計算技法があるが，ほかの技法は時代遅れになりつつある」といった説明をしているWebサイトや書籍もありますが，それは大きな誤解です。解こうとする課題や問題の種類によって，NN以外の計算技法を用いたほうがよいケースもたくさんあります。

　このチャプターでNNについて詳しく解説する理由がもう1つあります。それは，AI（人工知能）の名前の由来でもある人間の脳の働きを神経細胞網（ニューラルネットワーク）に着目して再現しようとする流れの根幹を成す技法だからです。

　NNを理解することは，今やAI時代の寵児となりつつあるDLを理解するための準備段階と考えてください。本書の技術的内容の要となる部分ですので，面倒がらずにしっかり読み込んで内容の把握・理解に努めましょう。

最近では，AI といえば「機械学習（ML）＆ディープラーニング（DL）」という
イメージが強くなってきています。このセクションでは，ML と DL の間にあっ
て重要な役割を果たすニューラルネットワーク（NN）の位置づけを明確にします。

◆AI，ML，NN の関係は？

チャプター 6 で ML は AI という枠組み（集合）の一部だと述べました。この
チャプターで詳しく説明する NN は，ML という枠組みに含まれる主要な手法
であり，ML でもっともよく用いられる計算技法（アルゴリズム）です。

この関係性を図示すると，図 7-1 のようになります。

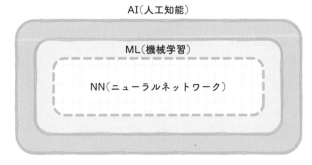

図 7-1 **AI，ML，NN の包含関係図**[*1]

NN の枠線を点線にしたのは，「NN は ML に包含される手法（方法論）では
なく ML で使われる計算技法（アルゴリズム）の 1 つだ」と考える人も少なく
ないからです。

◆ML であるけれど NN ではないものは？

図 7-2 の格子アミがかかっているリング状の部分は，ML ではあるけれど NN
ではないものを指します。

----
*1　ここでの NN は，後述する階層型 NN を指す。NN はその他にも相互結合型 NN をはじめ，
　　脳の神経細胞ネットワークの働きをどのように解釈するかによって様々なものがある

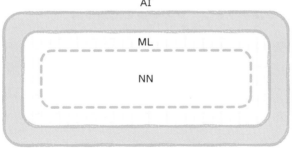

AI

ML

NN

図 7-2 ML であって NN ではないもの[*1]

　それでは，格子アミがかかった部分にどんな計算技法（アルゴリズム）が含まれるのでしょうか？　答えは，**チャプター 6 の表 6-1** にあります。この表を再掲するので，もう一度見てください。

表 7-1 ML で使われる主要な計算技法（表 6-1 の再掲）

ML の 4 つのタイプ	各タイプで用いられる主な計算技法（アルゴリズム）
教師あり学習 （分類，回帰）	・ニューラルネットワーク ・ランダムフォレスト　・ブースティング ・SVM（サポート・ベクター・マシン）　（・クラスタリング） ・線形回帰　・ロジスティック回帰
教師なし学習 （クラスタリング， 次元削減）	・階層型クラスタリング　・k 平均法　・主成分分析 （・ニューラルネットワーク）
半教師あり学習	・協調フィルタリング　（・ニューラルネットワーク）
強化学習 （行動戦略や制御 の最適化）	・SARSA 法 ※ State ⇒ Action ⇒ Reward ⇒ State ⇒ Action の頭文字 ・Q 学習　・モンテカルロ法　（・ニューラルネットワーク）

　この表の「ニューラルネットワーク」以外の計算技法が，ML であって NN ではないものです。

ニューラルネットワークの本質を把握しよう

　AI 関係の書籍や雑誌，専門サイトなどでは，「機械学習＆ディープラーニング」といったタイトルがよく使われます。しかし，この 2 つの手法（方法論）の関係を NN 抜きで説明することはできません。このセクションでは NN の本質を明らかにします。

◆ ML の中での NN の位置づけは？

　ML の中での NN の位置づけについては人によって解釈が様々で，明確に定まってはいません。それは，「教師あり学習」「教師なし学習」「強化学習」の中身が変化しつつあるからです。図 7-3 に，現時点でほぼ妥当と考えられる関係を示しました。

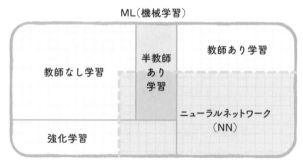

図 7-3 ML の中での NN の位置づけ[*2]

　NN が「教師なし学習」「半教師あり学習」「強化学習」とも一部重なっているのは，これらのタイプでも NN を利用するケースがあるからです。

◆ NN の本質は？

　NN の起源は，1943 年に神経生理学者で外科医のウォーレン・マカロックと論理学者で数学者でもあるウォルター・ピッツが「形式（人工）ニューロン」を基本単位とする NN 理論を発表したことにあるとされています。そして，1958

[*2]　総務省『AI ネットワーク社会推進会議 AI 経済検討会報告書』(2019 年 5 月) p.31 の「図表 30：各学習方法において必要となるデータ」その他の資料をもとに作成

年に，心理学者であり NN の研究者であるフランク・ローゼンブラットが「パーセプトロン」を発表したことで，基礎理論と基本技術が確立されました（7-3 で詳しく解説します）。その後，様々な改良が加えられ，複雑な問題の解決に役立つ AI の主要な手法（技法）として少しずつ実用化が進んでいきました。

　NN（Neural Network）を日本語に直すと「神経回路網」になりますが，AI の世界では「疑似的な脳神経回路網」を意味します。つまり，人間の脳の「神経回路網」を模してつくられたコンピューターシステム上の「情報処理（思考）回路」のことです。人間の神経回路網は脳内に 100 億～ 180 億個あるニューロン（神経細胞）が複雑につながった壮大な情報処理ネットワークであり，人間の知能や知性を生み出す源といえます。

　パーセプトロンはきわめてシンプルな仕組みですが，それを多数組み合わせることで複雑な処理を行うことができるのが NN の強みです。従来型の ML 手法ではうまくいかなかった複雑な課題に対応できるようになったことで，ML を支える中核の手法（計算技法）になってきました。そして，NN の強化・発展形である DL が生み出されたことで，AI に対する産業・社会から期待が高まっているのです。AI の開発が人間の脳の働きを真似ることから始まったことも踏まえると，NN が AI の本流の手法といえるでしょう。

　ただし，鳥の翼をヒントにして考案された飛行装置の推進力が翼からプロペラへ，そしてジェットエンジンへと変化していったように，AI も「人間の脳の神経回路網を模す」ことから離れることで大きなブレークスルーが起こる可能性もあります。飛行装置の目的が人工的に鳥をつくることではなかったように，AI 開発の本来の目的は人間そっくりの AI ロボットをつくることではないからです。ただ，人間型の AI ロボットの必要性を感じて研究・開発に取り組んでいる人たちもいるようです。

◆NN を簡潔に定義すると

　ここまでの説明や情報を考量して NN の本質をわかりやすく定義すると，次のようになります。

ニューラルネットワークの概要とポイント

> ニューラルネットワーク（NN）とは
> 人間の脳の神経細胞（ニューロン）を模してつくられた
> 情報処理の仕組みである「パーセプトロン」を基本単位とする
> コンピューターシステム上の「情報処理（思考）回路」である

　ただし，ML の説明でも述べたように，何でもシステムにお任せというわけではなく，システムに渡される入力データを処理するためのモデル（入力データから答えを導き出すための処理フローまたは関係式）を人間が作成する必要があります。つまり，人間の脳の働きを模したシステムだからといって，有能な人間に頼むときのように，「こんな課題（問題）を解決したいから，こんな方針で適当に解決策を見つけて答えを出して」というようなアバウトな頼み方をしても，「はい，承知しました」といって課題（問題）を解決してくれるレベルのものではないということです。

7-3 ニューラルネットワークの基本単位，パーセプトロンを理解しよう

　7-2 で述べたように，NN の基本構成単位は「パーセプトロン」です。このセクションでは，3 つの視点からパーセプトロンについて説明します。

◆形式（人工）ニューロンとは何か？

　最初に，パーセプトロンの元となった形式（人工）ニューロンについて説明します。形式ニューロンとは，1943 年にウォーレン・マカロックとウォルター・ピッツが提案した仕組みであり，脳の 1 個の神経細胞（ニューロン）の働きを模したごく単純な情報処理モデルです。そもそも人間の脳の視覚野，聴覚野，体性感覚野，運動野といった領域は，何層もの階層構造から成っていて，それぞれの層内で相互結合があることがわかっています。つまり，形式ニューロンとはこのような脳内の神経ネットワークの基本単位である神経細胞の機能を定式化したものです。

　本来の「ニューロン」は「神経細胞」全体を指しますが，「形式ニューロン」

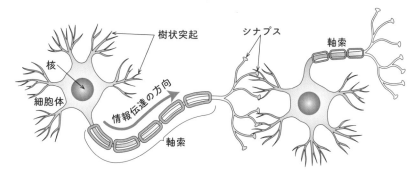

図7-4 **2つの神経細胞（ニューロン）がつながっているイメージ**

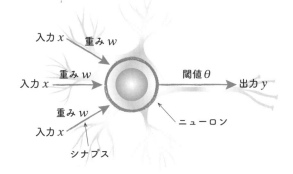

図7-5 **「形式（人工）ニューロン」の概念図**

など情報処理の分野では「細胞体」の部分を指すことが多いようです。

　形式ニューロンでは，入力された値 x の各々にそれぞれ異なる重み w を掛けた値の合計が閾値（境界値）θ（シータ）を超えていれば「1」を出力し，そうでなければ「0」を出力するといった二者択一の形で処理が行われます（後出の図7-9 を参照）。実際の脳神経回路網での処理のパターンも電気信号が送られることで神経細胞が発火するかしないかの2つです。したがって，形式ニューロンが脳神経回路を模したものであるとの主張は妥当だといえるでしょう。ちなみに，入力された数値に掛ける「重み」は，入力項目の重要度を表します（何かを評価する項目の配点を重要性に応じて変えるのと同じだと考えてください）。

◆ **パーセプトロンとは何か？**

　パーセプトロンとは，前出の「形式ニューロン」をもとに 1958 年にフランク・ローゼンブラットが考案したものであり，NN の基本構成単位です。

　発表当初は，熱心に研究が行われましたが，実世界の多くの問題は複雑で構造が単純なパーセプトロンでは解けないことがわかってきたため，徐々に勢いを失っていきました。

　ところが，1986 年に，デビッド・ラメルハートがパーセプトロンを改良するための「誤差逆伝播法（バックプロパゲーション）」を考案したことで，学習による重みなどのパラメーター（変数）の自動調整が高速でできるようになりました。そして，パーセプトロンを多層化した 3 層構造（入力層，中間層，出力層）の NN が登場したことで，再び注目が集まるようになったのです。

◆ **パーセプトロンの基本構造**

　パーセプトロンの基本形である「単純パーセプトロン」は，複数の入力データ（入力信号）をあらかじめ設定したルールに基づいて処理し，1 つの値を出力する計算処理の仕組み（関数）です。ここでいう「関数」とは，解を求めるための計算式のことです。単純パーセプトロンの基本構造を図 7-6 に示します。パーセプトロンには入力項目が x_1 から x_n のように多数あっても構いません。

　パーセプトロンや NN では，形式ニューロンで「軸索・シナプス」と呼んだ矢印の部分を「エッジ」と呼び，「ニューロン」と呼んだ ○ を「ノード」と呼ぶ

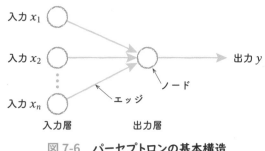

図 7-6　パーセプトロンの基本構造

のが一般的です。ここで使われている「エッジ」は「信号伝達路」のことです。AI の分野ではこれらの用語がよく使われるので，覚えておきましょう。

7-3 では，NN の基本単位であるパーセプトロンについて説明しました。このセクションでは，NN の具体像を明らかにします。

◈多層パーセプトロンの基本構造は？
単純パーセプトロンを複数組み合わせた多層パーセプトロンの基本構造を図 7-7 に示します。多層パーセプトロンの最大の特徴は，入力層と出力層の間に中間層があることです。中間層を設けることで，単純パーセプトロンに比べて複雑な処理を行うことが可能になります。

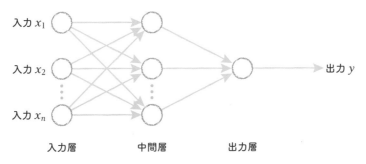

図 7-7 多層パーセプトロンの基本構造

多層パーセプトロンでは中間層の層数を増やすことができ，出力ノードの数を複数にする（縦方向に並べる）こともできます。

◈NN とは多層パーセプトロンのこと
ここまでの説明から，単純パーセプトロンが NN の基本単位であり，単純パーセプトロンを複数組み合わせて「入力層」「中間層」「出力層」という 3 層構造

Chapter

7

ニューラルネットワークの概要とポイント

にした多層パーセプトロンが，NN の実体であることがおわかりいただけたと思います。

　図 7-8 からアミをかけた部分だけを取り出すと，中間層のノードが不要になるので，結果的に図 7-6 と同じになります。

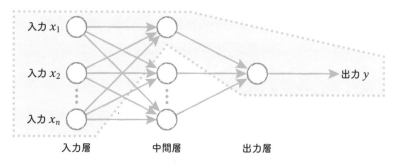

入力 x_1　入力 x_2　入力 x_n　出力 y

入力層　　　　　中間層　　　　出力層

図 7-8　ニューラルネットワークの基本構造

◆具体的な数値を入れた単純パーセプトロンの処理の流れ

　ここで，わかりやすい例をとって，図 7-6 の単純パーセプトロンに具体的な数値を入れることで実際にどのように処理が行われていくかを見てみましょう。

　以下の例では，下記のような問題に答えを出すことを想定します。このような単純な問題は，経験豊富な人であれば簡単に答えを出すことができますが，評価項目の数を増やしたり過去の事例を学習したりするなどの要素が入ってくると，人間では答えを出すのが困難になります。

> **◉外食チェーンのアルバイト社員の面接における採否判断（採用／不採用）**
> * 評価基準 1：働く意欲があるか？（10 点満点）
> * 評価基準 2：衛生観念があるか？（10 点満点）
> * 評価基準 3：顧客に誠実・親切に接することができるか？（10 点満点）
> * 評価基準 4：同僚が忙しいときにサポートする姿勢があるか？
> 　　　　　　　（10 点満点）
> * 評価基準 5：顧客や同僚と良好なコミュニケーションがとれるか？
> 　　　　　　　（10 点満点）

実際の面接評価では評価基準をもう少し多くして採否を決めることが多いのですが，ここでは話を簡単にするために，評価基準を5つに絞っています。

　応募者Pさんに対する採用担当者の評価結果が次に示す内容であったと仮定しましょう。

　・評価基準1：7点　　・評価基準2：8点　　　・評価基準3：7点

　・評価基準4：6点　　・評価基準5：9点

　図7-9を見てください。入力 x_1 には「7」，入力 x_2 には「8」，入力 x_3 には「7」，入力 x_4 には「6」，入力 x_5 には「9」が入っています。それぞれの数値が入力層の各ノード（○で表されている）から次のノードに送られますが，流れを示す各矢印の上に「w_1：1.3」，「w_2：1.4」，「w_3：1.2」，「w_4：1.1」「w_5：1.0」と記されています。これらはパーセプトロンでの処理に欠かせないもので，w_1，w_2，w_3，w_4，w_5 は入力された各項目の重み（重要度）を表しています。つまり，評価項目1から評価項目5は評価の便宜上いずれも10点満点で採点されますが，それぞれ重要度が異なるということです。

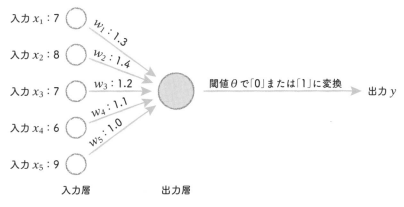

図7-9　入力項目が5つの単純パーセプトロンでの数値処理の流れ

　実際の数値計算の流れを見てみましょう。出力層のノードに渡される値は，下記の式で計算されます。

$$y = x_1 \times w_1 + x_2 \times w_2 + x_3 \times w_3 + x_4 \times w_4 + x_5 \times w_5$$

この式に実際に数値を入れると，下記のようになります。

$$y=7×1.3+8×1.4+7×1.2+6×1.1+9×1.0=44.3$$

この結果，出力層のノードに渡されるのは「44.3」になります。ところが，求められている答えは「採用」「不採用」のどちらかです。そこで，出力層に渡された数値が，閾値（θ）という採用／不採用の境界を示す値を使ってどちらかに振り分けられます。出力前にもう1回処理が行われるということです。一般的には，閾値以下（$y \leqq \theta$）の場合には「0」，閾値を超えている（$\theta < y$）場合は「1」が出力されます。「何だ，それは？」と思われる方もいるでしょうが，「0」は「不採用」を「1」は「採用」を意味します。

閾値を「41」と仮定すると，Aさんの得点「44.3」は「41」を超えているため，「1」が出力される，すなわち「採用」と判定されます（もし閾値が「45」であれば「不採用」となります）。

◆ **閾値を単純化して「バイアス（偏り）」を加えたパーセプトロン**

次に，「閾値」を単純化して「バイアス（偏り）値」を加えて「0」か「1」を出力するケースについて説明します（図 7-10 を参照）。これは，閾値による振り分け処理がわかっていればすぐ理解できます。

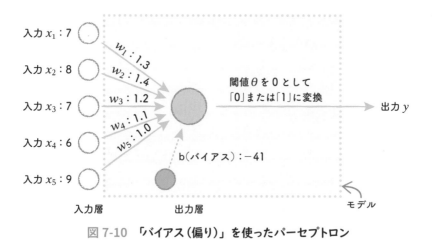

図 7-10 「バイアス（偏り）」を使ったパーセプトロン

点線枠で囲んだ部分は「モデル」と呼ばれ「入力されたデータから答えを導き出すための処理フローまたは関係式」です。この枠内が「仕組み」であり，次に示すのが「関係式」です。

　図7-10のケースでは，次の関係式で出力層のノードに渡す値（y）が計算されます。

$$y = x_1 \times w_1 + x_2 \times w_2 + x_3 \times w_3 + x_4 \times w_4 + x_5 \times w_5 + b$$

このケースで，実際に数値を入れると下記のようになります。

$$y = 7 \times 1.3 + 8 \times 1.4 + 7 \times 1.2 + 6 \times 1.1 + 9 \times 1.0 - 41 = 3.3$$

　この結果，出力層のノードに渡されるのは「3.3」になります。出力層では渡された値が0以下（$y \leq 0$）の場合は「0」，0を超えている（$y > 0$）場合は「1」が出力されます（バイアスが用いられる場合は，θは0に設定されます）。

　このケースでは，入力項がx_1，x_2，x_3，x_4，x_5の5つであると仮定して式を立てて計算を行いました。次に，より汎用性を高めるために，入力項がn個ある場合の計算式を考えてみましょう。

$$x_1 \times w_1 + x_2 \times w_2 + x_3 \times w_3 + \cdots + x_n \times w_n + b$$

上記は数列の和を求める式ですが，式の中に「…」があるため正式な数式とはいえません。「…」の部分をなくして簡単な（？）式にまとめたのが下記です。

$$\sum_{k=1}^{n} x_k w_k + b$$

　上式の最初の記号は「シグマ」と読み，kを1からnまで変化させながら順番に足していくことを意味します。

　あまり馴染みのない式をあえてここに示したのは，「AI入門」「機械学習入門」「ディープラーニング入門」といった書籍にこういった数式が説明なしで登場することが多いからです。これに類する式を見かけたら，「NNの計算処理で使う数式だな」と思ってください（システム開発に関わる人以外は，書けるようになる必要はありません）。

◆ 活性化関数

　もう1つ，NN の重要なキーワードを説明しておきます。それは，活性化関数（「伝達関数」ともいう）」です。活性化関数は，出力層のノード（単数または複数の）に渡された値を変換するための関数で，出力値を課題（問題）の解（答え）としてふさわしい形に加工するために用いられます。前出の「0 以下であれば 0 を出力し，0 を超える場合は 1 を出力する」も活性化関数の一種（ステップ関数）です。しかし，これでは何が入力されても 0 か 1 しか出力されません。ほかの活性化関数を用いることで，たとえば 0，0.1，0.2，0.3，・・・，0.9，1 といった小刻みな数値を出力させることができます（たとえば，判別対象の画像がキリンである確立を%で表すときなどに利用できます）。

　活性化関数には「ステップ関数」「ReLU（ランプ関数）」「シグモイド関数」「恒等関数」などの種類があり，目的に応じて使い分けられます。ちなみに，NN では，「誤差逆伝播法（バックプロパゲーション）」による重みやバイアスの調整に「シグモイド関数」が用いられます。ここでは各関数の説明は省きますが，**巻末付録「AI 関連用語解説集」**に各関数の説明があるので，関心がある人は参照してください。

◆ 階層型の NN と相互結合型の NN

　NN は，「階層型」（基本タイプ）と「相互結合型」（変形タイプ）に大別されます。図 7-7 に示した多層パーセプトロンの図は階層型ネットワークの概念図です。7-3 の「形式（人工）ニューロンとは何か？」で少し説明したように，人間の脳は何層もの階層構造から成っていて，それぞれの層内で相互結合があることがわかっています。それをヒントに考案されたのが「階層型」NN と「相互結合型」NN です。「階層型」は入力層，中間層（中間層を複層化することも可能），出力層の 3 つの階層から成っており，入力層に入った情報が中間層と出力層を通って出力されます。

　これに対して，相互結合型の NN（図 7-11 を参照）には階層という概念がなく，ノード（図の ◉ の部分）どうしが連結されています。ノード間の情報のや

り取りによって記憶などを行うことができ，あるノードから出力された情報がほかのノードを通って元のノードに戻ってくる（フィードバックされる）こともあります。このタイプのNNは相関学習による連想記憶や最適化問題の解決などに用いられます。

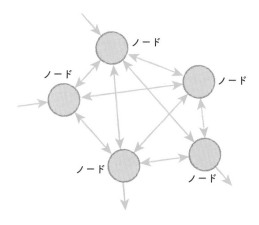

図7-11 **相互結合型ネットワークのイメージ**

Chapter 8

ディープラーニングの概要とポイント

　このチャプターでディープラーニング（深層学習：DL）をとりあげる理由は，チャプター7で解説したニューラルネットワーク（NN）を発展させたAI手法として期待され脚光を浴びているからです。DLは，現時点では，AI（人工知能）のトップランナーといってもよいでしょう。NNに様々な改良を加える形で登場してきたDLを使うと，より複雑な課題を解決することが可能であり，従来の機械学習（マシンラーニング：ML）より人間による介入（プログラムでの詳細な指示）が少なくて済むというメリット（特長）もあります。

　AIについて学ぶ人たちにとってDLを理解することは最大の難関といえるでしょう。各種の入門書でAIについて学ぶ情報科学系以外の人たちは，MLまでは何とかたどり着いても，DLになるとチンプンカンプンになるケースが多いようです。最大の原因は書き手が専門用語やプログラムコードを不用意に用いることにあるのですが，読み手側が「枝葉末節を気にし過ぎて，重要性の低い情報を適当にスルーできない」ことも原因のようです。要するに生真面目過ぎて緩急がつけられないのです。

　「木を見ることも必要だが森を見るほうが大事」という本書の基本コンセプトを踏まえて，このチャプターでも，技術情報に踏み込み過ぎないように加減しながらDLの本質と基本原理が把握できるように解説していきます。前のチャプターでDLのベースであるNNの基本原理について詳しく説明したので，このチャプターのほうがむしろ理解しやすいと思います。

8-1 ディープラーニングの位置づけを知ろう

　これまで何度か述べたように，ディープラーニング（深層学習：DL）は機械学習（マシンラーニング：ML）の一部であり，MLの発展形です。このセクションでは，以下の視点からAIにおけるDLの位置づけについて説明しますので，AIの構成要素の相互関係を復習する意味で読んでください。

◆AI，ML，DLの関係は？

　AI，ML，DLの関係を簡潔に述べるならば，「AIの一部がMLであり，MLの一部がDLである」となります。この関係性を図示すると，図8-1のようになります。「機械学習＆ディープラーニング」とか「機械学習・ディープラーニング」といった表現が一般的になっているせいか，MLとDLは全く別のものと勘違いしている人が結構います。そうならないように，両者の包含関係と共通点および相違点を把握しておくことが大切です（本書に包含図が何度も出てくるのは，そのためです）。

図8-1 AI，ML，DLの包含関係図（図5-1の再掲）

◆AI，ML，NN，DLの関係は？

　チャプター5の5-2でも説明しましたが，AIの構成要素の分類にはもう1つNNという要素を加味する必要があります。NNはMLで用いられる計算技法（ア

ルゴリズム）の 1 つですが，それの拡張・発展形が DL であることから，AI，
ML，NN，DL の関係をしっかり把握しておくことが大事なのです。

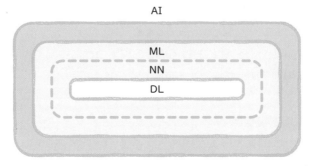

図 8-2 **AI，ML，NN，DL の包含関係図** (図 5-2 の再掲)[1]

◆NN であるけれど DL ではないものは？

　図 8-3 の格子アミがかかっているリング状の部分は，NN ではあるけれど DL
ではないものを指します。

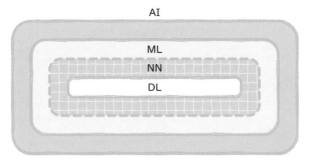

図 8-3 **NN であるけれど DL ではないもの (格子アミの部分)**[1]

　では，格子アミの部分にはどんなものが含まれているのでしょうか？　抽象的
な言い方になりますが，答えは「中間層が 1 層の多層パーセプトロン（単純構
造のニューラルネットワーク）です。

　誤差逆伝播法（バックプロパゲーション）が開発されたことで，中間層が単層
のパーセプトロン（DL ではない NN）であっても，出力層,中間層,出力層のノー

＊1　ここでの NN は，階層型 NN を指す。NN はその他にも相互結合型 NN をはじめ，脳の
　　神経細胞ネットワークの働きをどのように解釈するかによって様々なものがある

ドの数（図中の縦列の ○ の数）を増やすことで，かなり複雑な問題を解くことが可能になり，教師あり学習の分類や回帰によく利用されています。

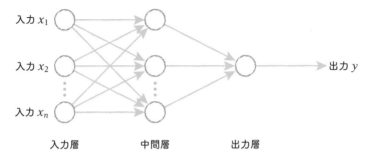

入力 x_1　　　　　　　　　　　　　　　　　　　　出力 y

入力 x_2

入力 x_n

入力層　　　　　　中間層　　　　　　出力層

図 8-4　**中間層が 1 層の多層パーセプトロンの基本構造**（図 7-7 の再掲）

8-2　ディープラーニングの本質と基本原理を理解しよう

　DL とは，入力層，中間層，出力層からなる NN の中間層の層を複数にしたものを指します。このセクションでは DL の本質と要点を説明します。

◈DL とは何か？

　DL とは，入力層，中間層，出力層からなる NN の中間層の層を複数にしたもの（図 8-5 の右図）です。つまり，DL は NN の一種だということです。

　中間層が複数の層から成る NN すなわち DL を「ディープニューラルネットワーク」と呼ぶこともあります。また，DL では「中間層」のことを，ユーザーからは見えない処理層の意味で「隠れ層」と呼ぶことが多いようです。中間層（隠れ層）を増やすという発想は，1979 年に NHK の研究所の福島邦彦が提唱した「ネオコグニトロン（Neocognitron）」という人工ニューラルネットワークが起源とされ，それがディープラーニングの主要な技法の 1 つである CNN（畳み込みニューラルネットワーク）の開発につながったといわれています（CNN については 8-4 で解説）。

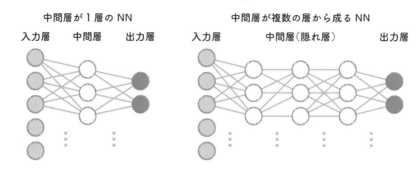

図 8-5　中間層が 1 層と複数層の NN（DL）

　図 8-5 の左図には，入力層のノード数が 5，中間層のノード数が 3（層数は 1），出力層のノード数が 2（この場合のノード数は縦列の ○ の数）の例を示しましたが，どの層もノード数を変えることができます。また，右図の中間層（隠れ層）の層数は 3 になっていますが，層の数を（ノード数も）増やすことが可能です（隠れ層が 100 層を超える DL も存在します）。

　左側の単純な構造の NN は，問題（入力された情報）を 1 つの中間層で 1 回だけ処理して答えを出すというシンプルな仕組みですが，右側の中間層が複数層の NN（DL）では，1 つ目の隠れ層で処理した結果を 2 つ目の隠れ層で処理し，その結果をその次の隠れ層で処理し… といった複雑な構造になっています。隠れ層を多く（深層化）していくことで，より複雑な処理が可能になったのです。「ディープラーニング（深層学習）」という名前は，隠れ層を深くすることに由来しています。

　この深層化によって，従来の単純な NN では解決できなかった現実社会の複雑な課題（問題）に答えを出すことができるようになってきたのです。

　実は，NN の中間層を増やすという発想は以前からあったのですが，ハードウエアの処理能力の不足（層を深くすると飛躍的に処理量が増大する）や学習させるデータの不足などにより実現が困難でした。しかし，ハードウエアの性能向上やビッグデータの活用などによって，実現が可能になったのです。

　ここまでの説明や情報を踏まえて DL の本質をわかりやすく定義すると，下記

のようになります。

> **DLとは**
> NNの中間層（隠れ層）を複層（深層）化することで
> これまでできなかった複雑な問題を解決できるようにした
> コンピューターシステム上の「情報処理（思考）回路」である

◆MLの中でのDLの位置づけは？

　ML，NN，DLの関係は人によって解釈が様々です。その原因は，教師あり学習，教師なし学習，強化学習の中身が刻々と変化していることにあります。本書では，様々な解釈を比較検討し，現時点でほぼ妥当と考えられる相互関係を図8-6のように定義しました。

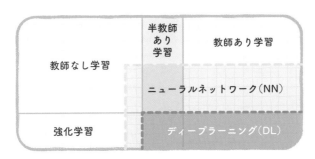

図8-6 MLにおけるDLの位置づけ

◆DLの重要キーワードである「特徴量」とは？

　特徴量とは，MLシステムの分析対象（オブジェクト）の「特徴（特性）」を数値で表したものです。従来のMLでは，この「特徴」を人間が設定していました（図8-7を参照）。たとえば，自販機のミネラルウォーターの売り上げを予想するケースで特徴として「気温」を選ぶ，といった具合です。その場合，適切な売り上げを予想するには，「気温」が特徴として適切か，「気温」のほかに「天気」や「湿度」といった特徴も用いたほうがよいかなど，いろいろと検討しながら試行錯誤する必要があります。

図 8-7 従来の ML における「特徴・特徴量」

　これに対して，DL ではこの「特徴」が自動的に抽出されてその量（特徴量）が分析・予測などに利用されます（図 8-8 を参照）。DL の最大のメリットは特徴と特徴量の自動抽出にあるといえます。図 8-7 と図 8-8 の「特徴」は 1 つの場合もありますが，通常は複数です。たとえば，クレジットカード（プラチナカード）の利用者がリゾートホテルの会員権を購入する確率を判別する場合は，「年収（カード加入時の）」「職業」「年齢」「性別」「居住地域」などが「特徴」になる可能性があります。数値で表されていない「職業」「居住地域」などの特徴は数値変換用の表（テーブル）を用いて数値に変換され，入力として使えるデータに加工されます。本書では，このあたりの詳しい説明は省きます。

図 8-8 DL における「特徴・特徴量」

◆ 誤差逆伝播法（バックプロパゲーション）とは何か？

　誤差逆伝播法は，1986 年にデビッド・ラメルハートらによって発表された技法で，NN において入力値に対する「重み」などのパラメーター（変数）を自動的に調整する方法です。現行の DL のほとんどの計算技法（アルゴリズム）で採用されています。

　誤差逆伝播法は，ML の中心的な手法（方法論）である NN の学習速度を

向上させるための技術です。誤差逆伝播法においては，出力結果から流れを
遡って各層のエッジ（矢印）の重みを調整していきます。出力結果と正解の誤
差を逆方向に伝えていくことから，「誤差逆伝播法」と呼ばれているのです（図
8-9 を参照）。

　図は簡略化してありますが，重みの調整はすべてのエッジ（矢印）に対して行
われます。

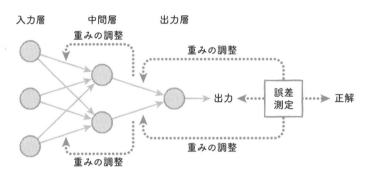

図 8-9　誤差逆伝播法を用いた重み調整のイメージ

　誤差逆伝播法については，「学習率」というキーワードを押さえておく必要が
あります。学習率とは，NN（DL を含む）での学習において，各層の間の重み
を自動調整（バックプロパゲーション：誤差逆伝播法）する際の，重みの値の大
きさ（度合，率）を意味します。たとえば，最初は学習率を大きくして重みの大
まかな調整を実施し，しだいに学習率を小さくして重みの微調整を行うことで重
みの最適化（重みの学習）を実現することが可能になります。ただし，最初に設
定する学習率（初期学習率）については，LR range test（**巻末付録「AI 関連用
語解説集」**を参照）といったテストを実施して最適に近い値を決めておく必要が
あります。

◇**深層強化学習とは何か？**

　最初に，「深層強化学習」のベースである「強化学習」について振り返りましょ
う。強化学習とは，「これからどのような行動をとるべきかをシステムが学習す

るための仕組み」であり，一連の行動（1つの行動ではなく）の結果が最適化される（結果に応じて得られる評価値が最大になる）ように学習する仕組みです。強化学習では，この評価値を「報酬（最適な行動を選択させるためのインセンティブ）」と呼びます。強化学習は，部品組立て装置の効率的な制御や物流経路の最適化といった課題の解決に用いられるケースがありましたが，状況が複雑になると的確な答えを導き出すのが困難になるという問題があり，導入が思うように進んでいませんでした。

　そんな中，DLが登場したことで，強化学習がふたたび注目されるようになったのです。英DeepMindが2013年に強化学習の代表的な計算技法である「Q学習」とDLの「CNN（畳み込みニューラルネットワーク）」を組み合わせた「DQN（Deep Q-Network）」というモデルを発表し，それを改良したモデルが次々に登場しました（「CNN」については 8-4 で説明します）。囲碁の世界トップレベルの棋士を次々に破った AlphaGo（DeepMind が開発）にも，深層強化学習が用いられています。

　図 8-10 のグレーのアミがかかっている部分が深層強化学習です。図からわかるように，深層強化学習は DL と強化学習の特性を兼ね備えたものなのです。

図 8-10　DL と深層強化学習の関係

8-3 ディープラーニングのメリットとデメリットを把握しよう

AI の最先端手法とされて大きな注目を浴びている DL ですが,「大は小を兼ねる」わけではないことを踏まえて物事を考えましょう。文字入力や表計算が主流の現場に DL のような複雑で扱いにくい AI を導入するのは,パワーショベルで野菜の苗を植える穴を掘るようなものです。「適材適所」を判断する材料として,このセクションでは DL のメリットとデメリットを説明します。

◆ DL のメリットは？

DL には,従来の ML にはない以下のようなメリットがあります。

◉ 中間層が単層の NN に比べてより複雑な問題を解くことができる

DL では,NN の中間層（隠れ層）を複層化することで,「1 つ目の隠れ層で処理した結果を 2 つ目の隠れ層で処理し,その結果をその次の隠れ層で処理し,その結果をまた次の隠れ層で処理し」というように,単純な NN では解決できない複雑な問題を解くことができるようになりました。

◉ 分析対象の特徴量がシステムによって自動抽出される

従来の ML では分析対象の「特徴」（キリンであれば「首が長い」「足が長い」「格子状の縞模様がある」といった特性）を人間が設定する必要がありました（「特徴」の大きさを数値で表現した「特徴量」は自動抽出されます）。これに対し,DL では,「特徴」と「特徴量」の両方がシステムによって自動抽出されます。人間が「特徴」を設定する必要がないため,複雑な問題をより短時間で解くことができます。また,人間が気づかないような特徴を抽出してくれる可能性もあります。

◉ 従来の ML に比べて精度（正解率）が高まる

DL を用いると,従来の ML に比べて課題に対する解答の精度を向上させることができます。図 8-11 は,米国の複数の大学が共同開催している画像認識

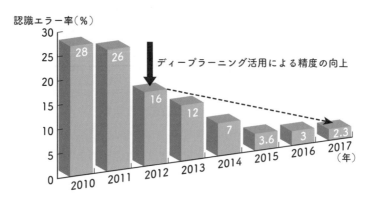

図 8-11 ILSVRC の優勝者の画像認識エラー率の推移＊2

コンテスト（ILSVRC：ImageNet Large Scale Visual Recognition Challenge）で画像分類精度において優勝したチームの認識エラー率をグラフにしたものです。2012 年以降は DL を利用したシステムが優勝し続け，2017 年には画像認識のエラー率が 2.3%まで下がっています。同じ課題に対する人間のエラー率は約 5.1％ なので，人間よりも認識精度が高いことになります。

◇DL のデメリットは？

DL にはメリットばかりではなく，次のようなデメリットもあります。

◉ 隠れ層での処理がブラックボックス化されている

DL ではシステムが自動的に「特徴」を抽出するため，どんな方法で（どこに着目して）特徴が抽出されたのか人間にはよくわかりません。たとえば，「Google の猫の画像判別」では，どんな特徴が抽出され，どのように処理されたのかわかりません。これは，複数の隠れ層で行われる複雑な処理がブラックボックス化されているからです。このため，DL では，実際の課題の処理に適するデータの集合を用意して，処理が適切に行われていることを確認するためのテストを行う必要があります。ブラックボックスをホワイトボックス化する仕組みを開発する試みがいろいろとなされてはいますが，まだ道半ばです。

＊2　ILSVRC の Web サイト［http://image-net.org/］（2020 年 8 月現在）のデータをもとに作成

◉ 学習効果を確実に高める道筋（方法）が確立されていない

DL ではどうやったら学習がうまくいくのか，まだはっきりわかっていません。そのため，AI の開発者やユーザーが意図しないほうへ処理・判断の仕方が変わっていく可能性があります。たとえばヘイトスピーチなどの偏ったデータを大量に学習してしまうと，社会倫理や企業倫理に反するような結果や有用性が低い結果が出力される恐れがあります。こういう事態が起こるのを防ぐには，読み込ませるデータの種類や範囲を制限するといった工夫も必要です。

◉ DL の精度を上げるには大量の学習（訓練）用データを用意する必要がある

DL システムのプログラムには多数のパラメーター（変数）が設定されており，学習用データを用いてそれらが自動的に調整されます。数多くのパラメーターを適切な値に調整するには，大量のデータを学習させる必要があります。DL を用いた疾患診断支援システムを例にとると，症例データが蓄積されていない希少疾患を正確に判別することは難しいでしょう。このように，現在のDL には，過去のデータが少ない問題に適切な答えを出せる能力は備わっていないということです。

8-4　CNN, RNN, LSTM, GANs という 4 つの計算技法の概要を知ろう

DL には 4 つの代表的な計算技法（アルゴリズム）があります。このセクションでは，各計算技法の概要を説明します。

◆CNN（畳み込みニューラルネットワーク）の概要

CNN（Convolution Neural Network：畳み込みニューラルネットワーク）は，サル，マンゴー，クルマといった物体の画像認識を得意とする計算技法（認識用モデル）です。CNN の中間層（隠れ層）は，「畳み込み層」と「プーリング層」から成っています。畳み込み層では，画像の局所的な特徴が抽出されて多数の「特徴マップ」が作成されます。次のプーリング層では，それぞれの「特徴マップ」のサ

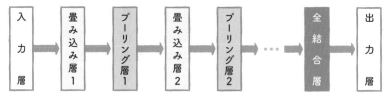

※複数の畳み込み層を通過してからプーリング層に至るケースもあります

図 8-12 **CNN の概念図**

イズが縮小されて新たな「特徴マップ」が作成されます。画像の特徴を維持しながら画像の情報量を大幅に圧縮できる点が最大のメリットです。ちなみに，有名な「Google の猫の画像認識」は，CNN を用いた DL によって実現されたものです。

　最近，CNN をベースとし CNN の欠点を補うために開発された「カプセルネットワーク」が注目を集めていますが，紙幅の関係で説明を省きます（**巻末付録「AI 関連用語解説集」**に簡単な説明があります）。

◆RNN（再帰型ニューラルネットワーク）の概要

　CNN が得意とするのはピクセル（コンピューターで画像を扱うときの最小単位）の集合体である画像データであるのに対して，RNN（Recurrent Neural Network：再帰型ニューラルネットワーク）が得意とするのは可変長の時系列データ（音声，動画，文章など）です。RNN は，時系列の可変長データを NN で扱うために，隠れ層から出力される値を隠れ層に再入力するというネットワーク構造になっています。これは，音声，動画，文章などのデータは時間軸に従って入力されるため，時間の経過を示す情報が処理に反映できるような仕組みが必要だからです。RNN は，これを実現するために開発された計算技法（認識・生成用モデル）なのです。

　ただし，RNN で処理できるのは，短時間のデータに限られます。長時間前に遡ってデータを利用しようとすると，演算量が爆発的に増えるからです。

　図 8-13 は，RNN の処理イメージを図に表したものです。左側の図に時間の経過（$t_0 \Rightarrow t_1 \Rightarrow t_2$）という要素を加えたのが右側の図です。

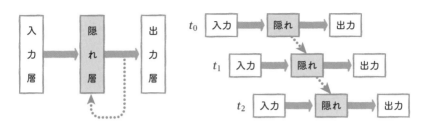

図 8-13 RNN の概念図[*3]

◆LSTM（長期・短期記憶）の概要

　LSTM（Long Short-Term Memory：長期・短期記憶）は，短時間のデータしか処理できないという RNN の問題点を解消することを目的として開発された計算技法（認識・生成用モデル）で，長期の時系列データを学習することができます。LSTM の最大の特長は，短期記憶を長期間活用できることです。LSTM には，過去の情報をうまく扱うことに特化した処理層が備わっています。現在も，時系列データをより適切に扱えるよう様々な工夫や改良が加えられています。

　筆者（浅岡）は機械翻訳（近年は「自動翻訳」と呼ぶのが一般的）の品質向上に関わった経験がありますが，以前は少なからず手直しする必要があった訳文（英文や日本文）のレベルが年々向上し，少ない手直しで使えるようになってきています。特に，数年前まではレベルが低いといわれていた Google 翻訳のレベルが実用レベルに近づきつつあることに驚いています。調べたところ，精度向上に大きく貢献しているのは RNN を改良した LSTM だということがわかりました。このように，RNN や LSTM は自然言語処理に大きな力を発揮しているのです。

　図 8-14 中の x_t は LSTM モデルへの入力，i_t は入力ゲートからの出力，o_t は出力ゲートからの出力，f_t は忘却ゲートからの出力，c_t はメモリーセルの状態，h_t は LSTM ブロックからの出力を意味します。また，⌒ マークは「加重和への微分可能な関数の適用」，⊗ は「テンソル積（線型代数学の手法）」を表します（専門的な内容なので，処理のイメージだけ捉えれば十分です）。

---

*3　各種の資料の処理概念図をもとに作成

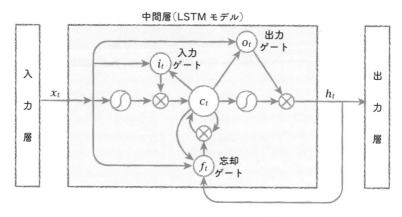

図 8-14 LSTM の概念図[*4]

◆**GANs（敵対的生成ネットワーク）の概要**

　イアン・グッドフェローらが 2014 年に発表した GANs（Generative Adversarial Networks：敵対的生成ネットワーク）は，正解データなしで特徴を学習する「教師なし学習」の計算技法（生成用モデル）です。GANs は生成用ネットワーク（生成器）と識別用ネットワーク（識別器）という 2 つの情報処理ネットワークから構成されています（2 つのネットワークがセットになっているので複数形の s がついています）。たとえば画像の生成においては，生成用

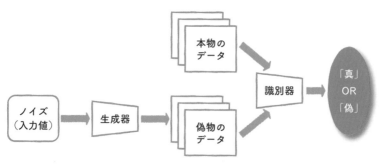

図 8-15 GANs の概念図[*4]

- - - - - - - - - - - - - - - -
*4　各種の資料の処理概念図をもとに作成

ネットワークが画像を生成して出力し，それの正否を識別用ネットワークが判定します。生成側は識別側が「正」と判別してもらえるように学習を繰り返し，識別側はより正確に判別できるように学習を繰り返します。このように2つのネットワークが相反する目的のために学習することから，「敵対的」と呼ばれているのです。たとえば，名画の贋作作家を「生成用ネットワーク」に，絵画の鑑定士を「識別用ネットワーク」にたとえると，GANsの仕組み（処理ロジック）が理解しやすいかもしれません。

　GANsを応用すると，ウマとシマウマの画像をたくさん学習させてシマウマをウマに変える／ウマをシマウマに変える，似たようなカラー写真を数多く学習させてモノクロの写真に的確な色を着ける，ある人物の動画をたくさん学習させることで本物そっくりの人物の動画を作成する，といったことができます。

Chapter 9

失敗しないための AI プロジェクト全体像の理解

　昨今，AI システム開発に対して注目が集まる一方，「AI とはそもそも何に使えるのか，つかみどころがない」と感じる人が，一般の人だけでなく，その開発を行うエンジニアや，サービスに用いるビジネスマンの間ですら増えてきています。実際，社会には，AI（人工知能）と呼ばれる技術やシステムが溢れている一方で，その多くは，私たちが直接目にしないところで動いているものも多く，必ずしも馴染みの深いものとはいえません。

　もちろん，わかりやすい技術やシステムはいくつもあります。ラーメン二郎の画像から，どの店舗のそれかを当てるものだったり，きゅうり農家がきゅうりの形状から品質分けを行うものだったりと，見た目にもわかりやすく，また，画像などのデータを集めてしまえば，個人でも開発できるシステムも少なくありません。しかしながら，それらを見ているだけでは，AI の真価を知ることはできません。AI の真の価値，それは，企業や組織の裏側でこそ発揮されるのです。

　AI の真の価値が発揮される使い方には，主に 3 つがあげられます。「企業や組織の業務を効率化し，人の働きやすさを向上させること」「企業活動のデータを分析することによって，顧客が何を求めているか，どのようにすれば売り上げを向上できるのかなど，事業開発，拡大に向けた取り組みに利活用すること」，そして「それらをも踏まえ，新たな事業やサービスを展開していく際の基盤技術とすること」です。AI の能力をいかんなく発揮することができれば，その先には大きな可能性が広がります。しかしながら，AI

を理解して利活用していくことには数々の落とし穴があり，失敗事例と呼ばれ，実際に AI プロジェクトを開始してみると，当初思い描いた目論見とはズレがあるということも少なくありません。本チャプターでは，それらの落とし穴も踏まえ，AI プロジェクトを推進していくための効果的な手順について解説していきます。

9-1 なぜ，AI プロジェクトが必要なのかを知ろう

　AI の真価を発揮させるためには，企業や組織の業務効率化，企業活動のデータを分析することによる顧客価値の発掘，そして，新たな事業やサービスの展開という 3 つの使い方が主にあげられます。それぞれについて，少し詳しく解説していきます。

◆業務効率化

　AI に限らず，企業が活動を行っていくにあたっては，コストを削減し，売り上げの中で利益の最大化を行うことは重要です。それまで 10 人で行っていた作業を 5 人でできるようになるとすると，それまでの人件費は減り，その分は会社の利益になります。それだけではありません，現在，少子化の影響で，医療業界や建設業界をはじめ，若手の人材不足が深刻化しています。たとえば，それまで 10 人で行っていた作業に割り当てられる人数が 5 人になってしまうと，事業存続が危うくなってしまいます。業務効率化によって，人手をかけずに事業が継続することは，人手不足が問題となる業界にとっては至上命題です。

　業務効率化としてわかりやすいものとして，手間のかかる書類作成を自動化するなどの事務作業の効率化があげられます。ほかにも，専門職と呼ばれる，発電所や工場などの機器に異変がないかを監視する作業は，データを分析して異常検知を行うなどのシステムによって効率化を行うことが可能です。もちろん，完全に自動化することはできないまでも，現状の作業の手間のかかるところをデータの分析技

術などを活用して効率化していくことは，多くの業界で求められています。

◆顧客価値の発掘

　データを分析するという観点でAIの真価が発揮されるのは，まさに，企業活動が顧客に与える価値を分析するというものがあげられます。以前より，大手コンビニエンスストアや小売店では，顧客の映像から，顧客がどのように移動しているのか，どのような年齢層の人が何をまず購入し，次に何を購入しているのかなどを分析することで，扱う商品や棚の位置の入れ替えなどを行い，より顧客がストレスなく求める商品を手にすることができるような工夫を行ってきました。現在，米Amazonや，中国アリババ（Alibaba Group）をはじめ，多くのインターネット通信販売会社が実店舗の運営に乗り出しており，インターネット通信販売で得た知見や顧客情報を活かしながら，企業活動の拡大を行っています。

　スマートフォンなどで行うソシャゲ（ソーシャルネットワーキングゲーム）の業界でも，データの分析は重要な業務です。ユーザーがどの経路からゲームの会員登録を行い，どのタイミングで課金し，いつ，どのような理由で離脱した（ログインしなくなった）のかを知ることによって，ゲーム会社は大きな利益を上げることができます。女性向けのゲームが案外男性の課金によって支えられているなどの意外な事実も，データを分析することで明らかになります。そして，分析結果をもとに宣伝の方法を変えるなど，様々な打ち手を展開できます。データの分析による顧客価値の発掘は，今や，多くの業界では欠かせない業務なのです。

◆新たなサービスの展開

　AIを有効に活用していくことによって，企業の業務が効率化でき，顧客価値を発掘することができるようになると，それに続いて新たなサービスを展開できるようになります。新しいサービスの創造は，機械の力ではできません。しかし，手間のかかる作業から解放され，顧客の行動情報がわかるようになると，顧客にどのようなサービスを新たに展開すれば，より喜んでもらえるのかなど，人が頭を使う余裕が生まれます。たとえば，中国の四大保険会社の１つである中国平

安保険は，ユーザーと常時オンラインで接続し，行動情報を分析することによって，ユーザーの健康に対する不安を取り除くきめ細かいサービスを展開したことが好評を博すようになってから，一気にシェアを拡大したといわれています[1]。AI の利活用によって人の業務効率化などを行うことは，最後には，人の手で顧客と接し，ユーザーの気持ちに触れ，新たなサービスの展開につながっていくのです。

9-2 なぜ，AI プロジェクトが失敗するのかを知ろう

　企業や組織の業務効率化，企業活動のデータを分析することによる顧客価値の発掘をはじめ，AI システムを用いてできることは数多くある一方，具体的に，自分のおかれた状況の中で何ができるかを考えるには，多くの壁が存在します。実際，各企業の AI プロジェクト推進の担当者として任命されたビジネスマンは，「まず，何をはじめればよいのか」がわからないことに戸惑ってしまい，懇意にしている IT システムの開発会社にいわれるがままにプロジェクトを始めてしまって効果的な AI 活用ができないなどの状況も少なくありません。具体的には，AI プロジェクトを推進するにあたって，以下のような壁が存在するといわれています。

図 9-1　担当者を悩ませる「わからない」の壁[2]

＊1　藤井保文ほか『アフターデジタル』日経 BP 社（2019 年 3 月）
＊2　井原渉『AI 導入の教科書』秀和システム（2019 年 3 月）p.37 をもとに作成

現状，AI に対する理解が十分ではなく，1 人ひとりが AI に対してもつイメージがずれていることや，AI プロジェクトは，データをもつ部門やシステムを開発する部門など，多岐に渡る部門が連携を取る必要があるため，関係者の間で意思疎通を行うことに失敗し，プロジェクトそのものが頓挫してしまうということが少なくありません。このため，AI プロジェクト推進担当者は，AI プロジェクトの全体像をしっかりと理解した上で，関係者に適切に情報を伝え，随時協力を仰ぎながら，円滑にプロジェクトを進めていく能力が求められます。特に，AI に対してありがちな誤解が生み出す，AI プロジェクトが失敗する以下のようなパターン[*3]に気をつけながら，事を進めていく必要があります。

◉ 見切り発車

　そもそもの AI の必要性，有用なデータの有無を検討しないまま AI システムを導入してしまうパターン。AI を用いる目的，それは現在の組織で実現可能なのかどうか，それを実現するためのデータはあるのかなどを考えずに始めると，失敗するのは目に見えています。

◉ 深層学習（ディープラーニング）信奉

　個々の技術の特性を理解せず，不適切な技術を導入するパターン。AI といえばディープラーニング，というイメージが強く，とにかくディープラーニングを導入してみたい，という人は根強く残っています。AI を用いる目的を整理すると，実際には AI を用いる必要すらなく実現できる，ということも少なくなく，目的の整理によって避けられる失敗です。

◉ 構築を丸投げ

　IT ベンダーや開発者に，データだけを渡して，システム構築を丸投げするパターン。AI プロジェクトは多くの部門が関わるため，常に目的を共有し，同じ目線で関わり合っていくことが重要です。システムを開発する人にすべてを委ねることは禁物です。

◉ つくって満足

　システムの構築と導入ばかりを考え，運用し始めてからのことを考えていないパターン。AI プロジェクトは，常に顧客の情報を分析する中で企業活動を

＊3　日経 xTECH「知らないと損する AI　AI の導入で失敗，ありがちな 4 パターン」（2018 年 4 月 9 日掲載）[https://xtech.nikkei.com/atcl/nxt/column/18/00237/040100001/]（2020 年 8 月現在）

改善しつつ，新たなサービスを展開していくというように，AIシステムをつくってからどのように運用していくかが肝要です。つくって満足している場合ではないのです。

ここからは，以上の失敗パターンを踏まえた上で，AIプロジェクトの全体像を理解していきましょう。

9-3 失敗しないための AI プロジェクト全体像の理解をしよう

ここでは，あなたが物流倉庫会社において，AIプロジェクト推進担当者として任命されたことを想定しながら，AIプロジェクトの全体像を描いていきましょう。あなたの会社は，インターネット通信販売会社の委託を受け，販売している製品を倉庫内に一時保管し，通信販売サイトから注文を受けしだい，製品を出荷するという業務を行っているとします。そうした業務を，AIを使って効率化するプロジェクトの担当者として，あなたは選出されました。あなたは，何を行えばよいでしょうか。以下の図9-2を見ながら考えていきましょう。

図 9-2 **AI 導入を成功させる 9 つのステップ**[*4]

----
*4　井原渉『AI導入の教科書』秀和システム（2019年3月）p.62を参考に作成

⦿ ステップ1　ビジネスの課題を設定する

　物流倉庫会社の業務効率化といっても，具体的に何を行うかは，それぞれの会社によって大きく異なります。すでに効率化を積極的に推進している会社もあれば，ほとんどそれがなされていない会社もあります。効率化を行っていない理由も様々です。現場は，今の業務を変えたくないという想いが少なからずあります。そうした人たちから現状を適切にヒアリングし，観察して理解した上で，課題を適切に設定し，それを関係者と共有することが重要です。

⦿ ステップ2　使えるデータを選定する

　すでに使えるデータがあれば，それを用い，なければどのようなデータをどのような方法で集めるかを考えます。あなたの物流倉庫会社では，職員の毎日の勤務状況データ以外のものはありませんでした。そうすると，現状を把握することが必要です。カメラを設置し，「動作分析」と呼ばれる手法を用いて，データを蓄積していくことが必要になります。1人ひとりの動作を認識してデータ化することで，どのような動作を行う際に非効率的な作業が発生しているのかなどを検討することができます。現場にカメラを設置して作業者1人ひとりの画像データを用意することになります。画像データを用意する際は，それだけでは分析可能なデータとはいえないので，いつからいつまで，誰が，どの作業を行っていたかという情報を別途付加する必要があります。当然ながら，現場にカメラを設置するとなると，関係者に協力を仰ぐなどの前の交渉が重要になります。

⦿ ステップ3　AIによる分析手法を検討する

　ステップ2で集めた画像データを元に，どのような手法を用いて分析していくのが適切かを検討します。チャプター8で紹介した各手法をはじめ，機械学習を行う手法を検討します。ここでは，画像データから動作分析を行うことになるので，2つのアプローチが考えられます。1つ目は，すでに動作分析を行い学習済みのモデルを用いた上で，画像データから情報を抽出するというアプローチです。2つ目は，ゼロから自分で学習モデルの生成を行うための機械学習プログラムの作成を行うアプローチです。ここでは，「姿勢推定」と呼

ばれる学習済みのモデルを用いることを行います。これによって，どこでどのような姿勢で作業を行っていたのかを分析することが可能になります。

◉ ステップ4　AIの運用方法を考える

ステップ1から3までを描き切った上で，AIシステムが完成した暁に，それを運用する人員について考慮していくことが可能になります。また，そこで得られた分析結果に基づき，現場の業務をどのように改善していくのか（良い作業に対するマニュアルを作成するのか，システムを使って効率化する方法を提案するのかなど）を別途検討していく必要があり，そのために必要な予算組みや，人員の確保などが必要になります。それらを含めた運用方法全体を考えるのがステップ4です。

◉ ステップ5　機械学習プログラムの作成

ステップ4までを適切に計画できれば「あとはやるだけ」です。特に，ステップ2やステップ3に必要な，機械学習を中心とするシステムを作成していきます。

◉ ステップ6　性能評価・実施判断

性能面，運用に関する費用面から，実施の可否を判断します。この際，ROI（投資対効果）が，プロジェクト継続に値するのかについての考慮を欠くと，その後，失敗プロジェクトにつながっていくことになってしまいます。たとえば，物流倉庫会社で「動作分析」をする場合は，1日間データを撮りためて，精度や速度が運用に足るものかなどを評価します。

◉ ステップ7　本番適用

実際に，システムを現場に導入すると，思わぬ不具合や，予期せぬ人からの反発など，いろいろな不測の事態が起こります。それらに対応しながら，円滑にプロジェクトを進めていくことが本ステップです。

◉ ステップ8　再学習

データが集まった時点で，都度，再学習を行い，分析の精度を高めていきます。それを見越した上で，いつ，データを収集し，再学習するのかなどを事前の計画に組み込んでおく必要があります。今回の例であれば，学習済みのモデ

ルを用いることから，再学習は不要です。

◉ ステップ 9　モデルの調整

　再学習したモデルの精度が所望のものであったか，所望のものでなかった場合に，どのようにすれば運用していけるのかを考えていきます。今回の例であれば，学習済みのモデルを用いることから，モデルの調整は不要ですが，実際にモデルを自分自身で構築していく場合には，このステップが重要になります。

　以上の 9 ステップを考慮に入れた上で計画を立案し，必要な関係者との協力を仰いでいくことができれば，円滑にプロジェクトを推進していくことができるでしょう。

9-4　AI プロジェクトを成功に導くコツを知ろう

　AI プロジェクトを成功に導く，すなわち，AI システムが導入され，業務効率化などの当初の目的が達成されるとともに，データの蓄積がなされ，分析が進んで更なる業務効率化などに役立つ，といった正の循環が回り出すには，関係者の協力が不可欠です。では，具体的にどのようにすれば，関係者の協力が得られるのでしょうか。もちろん，事前に説明を行い，協力を仰ぐなどは不可欠ですが，実際には，いくつかのコツがあります。

◉ コツ 1　誰もがわかりやすく効果を感じる工夫

　改善を可視化するなど，誰が見ても効果がわかりやすく，また，それが自分の業務と関係することであればより良いでしょう。

◉ コツ 2　すぐに結果が出る課題の設定

　先ほどの例のように，画像データを用いるようなシステムは，どうしても大掛かりになり，効果が見られるまで時間がかかってしまうため，最初のプロジェクトとしては不向きです。それに比べて，各店舗の売り上げ情報をデータとし，成績の良い店舗と悪い店舗の原因分析を行うなどは，比較的すぐに結果が出ます。

◉ コツ3　あまり効果を期待されないプロジェクトから始める

　実は，AI らしいものよりも，AI らしくないもの（従来の IT システムでもできそうなもの）のほうが，効果を期待されず，それなりに誰が使っても喜んでもらえます。たとえば，資料をデータベース化して検索するなどのシステムは，AI とは呼べませんが，徐々にあいまい検索機能や，類似資料のレコメンド機能などを，機械学習を用いて実装し，高度化していくことで，目に見えて効果が確かめられ，喜ばれるものになります。

以上のような工夫を行った上で，組織内での AI プロジェクトに対する心理的障壁を取り除き，協力が得られやすい体制をつくることができるようになれば，徐々に難易度の高いプロジェクトを推進していくことが可能です。AI はつくって終わりでもなければ，1 つのプロジェクトだけで完結するものでもなく，また，1 人でできるものでもありません。常に，長期的スパンで全体像を描きながら，成功に向けた取り組みを行い続けていきましょう。

Chapter 9

失敗しないための AI プロジェクト全体像の理解

Chapter **10**

AI 開発でよく使われる言語とライブラリの特徴

チャプター 9 では，AI 開発と運用の概要を説明し，機械学習（マシンラーニング：ML）やディープラーニング（深層学習：DL）を用いて現実の課題を解決する事例を紹介しました。このチャプターでは AI 開発でよく使われる言語とライブラリの特徴について説明します。その目的は，ML と DL ソフトウエア開発がどのように行われているのかについての具体的なイメージを把握していただくことです。

AI/IT の開発を行うエンジニアがどんなプログラミング言語を用いてプログラム（ソフトウエア）を書いているのか，またプログラムを書く手間を大幅に減らすためにどんなライブラリ（プログラムを構成する部品を集めたもの）を利用しているのかを知っておけば，AI（人工知能）に対する理解をさらに深めることができます。AI への理解は，情報科学を専門とする大学生・高専生や大学院生のみならず，これから社会で活躍するすべての人にとって役に立ちます。本書は，必ずしも情報科学を専門としない大学生・高専生や大学院生が，社会に出て AI に出会っても問題なく対応していける AI リテラシーを身につけることを目指しています。社会に出ると，AI/IT エンジニアともコミュニケーションを取りながら，社会を支える IT システム（社会システム）を新しく開発したり，AI/IT システムを利用して仕事を円滑に行うなどの必要に迫られます。そうした際，エンジニアの話す AI に関する技術的内容についてある程度の理解がありさえすれば，わからないところを彼らに聞きながら，十分にコミュニケーションしていくことができます。

もちろん，この本を読んだことがきっかけでプログラミングに興味をもち，簡単なプログラムが書けるようになりたいと感じた場合は，次のチャプター11で簡単な Python プログラムを作成し，プログラミングを体験した上で，書店で自分に合った入門書を探してみたり，発展的な内容を含む大学での講義やウェビナー（Web セミナー）などにチャレンジしてみるのもよいでしょう。

10-1 プログラミング言語の種類と AI 開発によく使われる言語

コンピューターを動作させるためのプログラムの起源は，1800 年代に使われ始めたパンチカードやパンチシートにあるともいわれています。ここでは，プログラミング言語の種類と AI 開発によく使われる言語について説明します。

◆そもそもプログラミング言語とは何か，どんな種類があるか

パンチカードを装置に読み取らせることでコンピューターを操作する初期のコンピュータープログラムが開発されるヒントとなったのは，1801 年にフランスのジョゼフ・マリー・ジャカールが発明したジャカード織機や 1876 年頃にドイツのパウエル・エーリッヒが発明した「アリストン・オルガネット」という手回しオルガンにあるといわれています（諸説あります）。この 2 つは，いずれも厚紙の円盤やシートに開けられた穴の位置で機械に指示を出すという仕組みなので，広い意味でいえばプログラムと呼ぶことができるでしょう。

米国のハーマン・ホレリスは，パンチカードを情報の記録に使うことを発想し，1890 年の国勢調査にパンチカードを利用する機械（タビュレーティングマシン）を開発・提供しました。

1952 年に発売された IBM 初の商用コンピューター IBM 701 や System/360 のデータ入力には 80 桁長方形のパンチカードが用いられ，1980 年代中頃まで使われ続けていました。そして，キーボードから文字を入力することでプログラムファイルを作成して，それを実行する方式に移行したのです。

 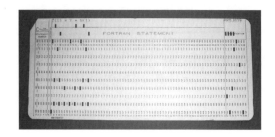

図 10-1　自動演奏オルガン用の
　　　　　パンチシート[*1]

図 10-2　FORTRAN 言語での命令語の記述に
　　　　　使われていたパンチカード[*2]

　次に示す表 10-1 は，コンピューターが使われ始めた 1940 年代から現代まで，
どんなプログラミング言語が開発されてきたのかをまとめた年表です。

　もう 1 つ，プログラミング言語を，プログラムを書く方法で整理した分類表
を表 10-2 に示しておきます。なお，言語タイプの定義や分類の仕方は何種類も
あり，表の分類が必ずしもスタンダードではないことに留意してください。

　表 10-1 および表 10-2 については，「プログラミング言語とはこんな感じの
ものなんだ」というイメージをつかんでもらうことが目的ですので，内容をすべ
て覚える必要はありません。

＊1, 2　Wikipedia［https://ja.wikipedia.org/wiki/ パンチカード］(2020 年 8 月現在)から引用
＊1　Stefan Kühn；CC BY-SA 3.0　　＊2　Arnold Reinhold；CC BY-SA 2.5

表 10-1　プログラミング言語の系譜[*3]

低水準言語	1940 年代	・機械語：コンピューターが直接実行できる形の命令語
		・アセンブリ言語：機械語よりも人間にわかりやすいニーモニック（簡略記憶記号）により記述された命令語
高水準言語	1950 年代	FORTRAN, COBOL, LISP, ALGOL, RPG など
	1960 年代	BASIC, PL/I, CPL, APL, BCPL, Simula, LOGO, B など
	1970 年代	C, Pascal, Prolog, Forth, Smalltalk, Scheme, ML, AWK, Ada
	1980 年代	C++, Objective-C, Perl, Common Lisp, Eiffel, Erlang, Mathematica, J
	1990 年代	Python, Visual Basic, Java, JavaScript（ECMAScript）, R, PHP, Ruby, Lua, Haskel, Tcl, Delphi, OCaml, SuperCollider,
	2000 年代	C#, Go, Scala, VB.NET, Clojure, D, F#, Nim, miniKanren など
	2010 年代	Julia, Swift, Dart, Ceylon, Elixir, Crystal, Hack, Rust, Raku, Elm など

表 10-2　高水準のプログラミング言語の分類[*4]

言語のタイプ	各タイプの概要とそこに分類される言語
手続き型	機械語に比較的近く，手続き（procedure）中心にプログラムを組み立てられるタイプの言語
	FORTRAN, COBOL, BASIC, C, ALGOL, Ada など
オブジェクト指向型	オブジェクト（object：対象）を中心にプログラムを組み立てるタイプの言語。ソフトウエアで扱う対象に関するデータと操作を 1 つのオブジェクトとして捉えて効率的に処理する手法。
	Python, C++, C#, Java, JavaScript, Smalltalk など
関数型	関数（function）を整数などのデータと同等に扱うタイプの言語
	Lisp, Scheme, ML, Haskell, Scala, Swift など
論理型	論理式（～ならば～）の集まりでプログラムを組み立てるタイプの言語
	Prolog, miniKanre など

- -
＊3　各種のプログラミング言語年表を参考に作成（色線を引いた言語は知名度が高いもの）
＊4　各種のプログラミング言語分類表を参考に作成

◆ **現在人気の高いプログラミング言語**

　『日経 SYSTEMS 2019 年 12 月号』の「プログラミング言語人気ランキング 2020，2 位に『大躍進』したあの言語」という記事[5]によると，440 名のエンジニアに対する「普段使っているプログラミング言語を 3 つまで」という質問に対する回答のトップテンは次のとおりです。

> 1 位：C/C++，2 位：Python，3 位：JavaScript，4 位：SQL，5 位：C#，
> 6 位：Java，7 位：VBA，8 位：HTML/CSS，9 位：PHP，10 位：VB.NET

> ※ SQL はデータベース操作言語，HTML は Web ページをつくるためのマークアップ言語（視覚表現や文章構造などを記述するための形式言語），CSS は Web ページのスタイルを指定するための言語です。

　この記事では，Python が第 2 位に躍進したことに注目しています。なお，同調査での「今後，スキルを磨きたいと思う言語を 3 つまで」については，Python がダントツ 1 位（440 名中 321 名が Python の名前をあげた）でした。

◆ **AI 開発によく使われる主要なプログラミング言語**

　AI システム（プログラム）の開発に適するプログラミング言語は何かについては，AI の研究者や開発エンジニアが様々な理由から様々なプログラミング言語を推奨しており，その状況は短期間で変化しています。

　とりあえず，2020 年時点で圧倒的に人気が高いのは，Python です。Python 以外では，C++，R，Julia，JavaScript がよく使われています。このほか，Java，Haskell，MATLAB なども使われているようです（専門雑誌や各種 Web サイトの AI 開発用言語の人気ランキングをサーチした結果に基づいています）。

　なお，AI の研究者や開発エンジニアがプログラミング言語を選ぶときの主要な指標と概要を表 10-3 にまとめたので，参考にしてください。

---

[5]　日経 BP 社『日経 SYSTEMS 2019 年 12 月号』（2019 年 11 月）pp.44-47 から引用

表 10-3 AI 用の言語を選ぶときの指標

選定の指標	指標の概要
開発の容易性	言語の習得が容易であるかどうか，プログラミングに利用できるライブラリが豊富に用意されているかどうか，など
プログラムの実行速度	プログラムの実行にかかる時間がどのくらいか（プログラムの実行方式によって変わる）
プログラムの実行環境	Web 上で実行するのか，アプリケーションとして実行するのか，組み込みソフトウエアとして実行するのか，など
プログラムの安全性・信頼性	言語に左右されるプログラムのセキュリティがどのレベルか，その言語の利用実績がどれくらいあるか，など

10-2 Python の特徴と，ごく簡単なプログラムのサンプル

　以下に，AI システムの開発にもっともよく使われている Python の特徴とごく簡単なプログラムのサンプルを示します。プログラムが書けるようになることが目的ではないので，「今流行りの Python で書いたプログラムはこんな感じなのか」という程度で気軽に見てください。

◆Python のメリット

　AI システム（プログラム）の開発でよく使われる Python のメリットについて以下で説明します。

◉ コードを書くための文法（記述ルール）がシンプル

　Python はほかのプログラミング言語と比べて読み書きしやすいプログラミング言語で，最大の特長はプログラムの文法（記述ルール）がシンプルであること。具体的にいうと，変数の型を宣言する必要がなく，また if 文や for 文を書くときにブロックの代わりにインデントを用いることですっきりわかりやすく記述することができます。このほか，10-5 で説明するライブラリ（プログラムを書くときに使える部品を集めたもの）が利用しやすいというメリットもあります。

AI 時代の到来といわれる昨今，初めてプログラミングを学ぶ人にはお勧めの言語といえます。

◉ プログラム作成の手間を省くためのライブラリが豊富にある

プログラム用のライブラリとは，プログラムの中に組み込む各種の機能を実現するためのミニプログラム（プログラムを構成する部品のようなもの）が数多く集められた図書館（ライブラリ）のようなものです。このライブラリはWeb に公開されており，基本的に誰でも無料で利用することができます。

現在，AI システムの開発に Python がもっともよく利用されている大きな理由の 1 つが，Python で使えるライブラリが豊富にあることです。データ分析やモデルの構築に利用できるライブラリ，数値計算，画像処理，音声処理，動画処理，自然言語処理，データベースといった数多くのライブラリが用意されているため，Python はシステム開発やアプリケーション開発への汎用性がとても高いといえます。

Python 用の標準ライブラリのほかに，TensorFlow や Keras といったライブラリを利用することで，ML や DL の複雑なプログラムを比較的容易に作成することができます。

◆ Python のデメリット

Python にはそれほど大きなデメリットはありませんが，プログラミングの上級者にとっては，下記のような問題があります。

◉ インデントをつけてプログラムコードをブロック化することが必要

Python プログラムの文法（記述ルール）では，インデントをつけることでプログラムコードのブロック（意味のあるまとまり）を表現することになっているため，その分だけ手間が増えます。インデントとは，行頭に空白を入れて字下げを行うことを意味します（下記のサンプルの print で始まる行が字下げされているのが，インデントであり，下記のサンプルコードは 2 つのブロックから成っています）。

```
if a == b:
    print('a')
    print('b')
else:
    print('a not equals b')
```

　インデントはプログラミングの初心者にとっては書きやすさ・読みやすさにつながる一方で，異なるエディタで記述したプログラムが動作しないなど，中級者以上にとってはハードルとなる場合があります。

◉ 変数に型がない

　変数を定義する際，C言語などの低水準の言語であれば，int型（整数）やchar型（文字列）などのデータ型を前もって指定する必要があり，初心者にはハードルとなることがあります。それに比較し，Pythonをはじめとする高水準の言語は，プログラミングを行う際にデータ型を定義する必要がなく，気軽にプログラムを記述することができます。

　初心者にとってはハードルを低くするこの機能は，プログラムの規模が大きくなると，本来，文字列を入れるべき場所に整数が入ってしまうなどの不具合につながり，メンテナンスが難しくなるという欠点となります。このため，データ型が推測しやすい変数名にするなどの工夫が必要です。

◆ Pythonで書いたごく簡単なプログラムのサンプル

　プログラムコードをあまり見たことがない方のために，Pythonを使ったごく簡単な掛け算と割り算を実行させるためのプログラムコードを示します（このレベルの計算は電卓で簡単にできるので，実際にプログラムを用いて算出することはありませんが，プログラムとはどういうものかを知っていただく役には立つでしょう）。「なるほど」という程度で見ておいてください。

　なお，多くのプログラミング言語では掛け算の「×」を「*」で，割り算の「÷」を「/」で表し，「print」は「表示せよ」という命令を表します。

Python を起動してコード入力用の画面に，「print（79 *131）」を入力してみましょう。すると，その下の行に，「10349」が表示されます。「print（79 *131）」は，79 × 131 を計算させるための命令コードです。

```
print(79 *131)
10349
```

次に，コード入力用の画面に，「print（2688 / 96）」を入力してみましょう。すると，その下の行に，「28」が表示されます。「print（2688 / 96）」は，2688 ÷ 96 を計算させるための命令コードです。

```
print(2688 / 96)
28
```

次の**チャプター 11** では，本格的に，Python で書いた簡単な ML プログラムを紹介します。

10-3 R の特徴と，ごく簡単なプログラムのサンプル

このセクションでは，AI システムの開発に最近よく使われるようになってきた R の特徴を説明し，ごく簡単なプログラムサンプルを示します。プログラムが書けるようになることが目的ではないので，「AI 開発で最近よく使われるという R で書いたプログラムはこんな感じなのか」といった軽い気持ちで説明を読んでサンプルを眺めてください。

◆R のメリット
R には，以下に示すメリットがあります。
⚫ データ分析や統計解析に強い
ニュージーランドのオークランド大学の統計学者によって開発された言語であることから，データ分析や統計解析が主要業務であるデータサイエンスに欠

かせない言語といえます。そして，AIとデータサイエンスは切っても切れない関係にあるため，AIプログラムの開発にこの言語がよく使われるようになったということです。

⑩ 利用できるライブラリが豊富にある

ML用のNumPy（Pythonでの数値計算を効率的に行うための拡張モジュールライブラリ），pandas（Pythonにおいて，データ解析を支援する機能を提供するライブラリ），Matplotlib（科学計算用ライブラリであるNumPyのためのグラフ描画ライブラリ），DL用のTensorflow，Kerasなどのライブラリが利用できることが大きな強みです。

⑩ 言語の記述法が比較的簡単

R言語は，統計学者によってつくられたプログラミング言語ということもあり，文法などは比較的容易に習得することが可能です。

⑩ データのグラフ化や図解化の機能が多い

これらの機能を利用することで計算や分析結果を可視化できるため，分析結果を踏まえて試行錯誤を繰り返しながら最適化を図るような探索的なデータ分析に適しています。

◆Rのデメリット

Rには，以下に示すようなデメリットがあります。

⑩ 汎用性が低い

データ解析や統計処理に特化した言語であるため，その他の目的に利用するのには向いていません。

⑩ 高速な処理が苦手

C言語より処理が遅いPythonよりもさらに実行速度が遅いため，高速な処理を必要とするプログラムの作成には適していません。

⑩ 言語の習得に統計分析の知識が必要

言語自体の記述法は比較的簡単ですが，統計分析の知識が必要であるため，基礎知識がない人がこの言語を使いこなせるようになるには時間がかかります。

◆R で書いたごく簡単なプログラムのサンプル

以下に，R で書いたごく簡単なプログラムのサンプルを示します。

R を起動して R コンソールに入力します。表示される「>」（命令コードの入力を促すプロンプト記号）の後に，命令「(79 *131)」を入力してみましょう。すると，その下の行に，「[1] 10349」が表示されます。

```
>79 *131
[1] 10349
```

次に，「>」（プロンプト記号）の後に，命令「(2688 / 96)」を入力してみましょう。すると，その下の行に，「[1] 28」が表示されます。

```
>2688 / 96
[1] 28
```

上記のサンプルのコードは，表現法が若干異なりますが，Python のサンプルの計算式と基本的に同じであることがおわかりいただけたと思います。

★ 10-2 では Python で書いた AI プログラムのサンプルを示しましたが，本書の目的は各言語でプログラミングができるようになることではないので，R で書いた AI プログラムのサンプルは割愛します。R 言語をより深めてみたい読者の方は，"The Comprehensive R Archive Network"［https://cran.r-project.org/］（2020 年 8 月現在）の "Download and Install R" に示されている手順に従ってダウンロードとインストールを行い，R 言語によるプログラミングにチャレンジしてみてください。

10-4 Julia の特徴と，ごく簡単なプログラムのサンプル

このセクションでは，AI システムの開発に最近よく使われるようになってきた Julia の特徴を説明し，ごく簡単なプログラムサンプルを示します。プログラ

ムが書けるようになることが目的ではないので，「AI 開発で最近よく使われる Julia で書いたプログラムはこんな感じなのか」といった軽い気持ちで説明を読んでサンプルを眺めてください。

◈Julia のメリット

Julia は 2012 年にオープンソースが公開された，まだ新しいプログラミング言語です。後発のプログラミング言語であるため，これまで開発された言語のよいところを選択的に取り入れた言語といってもよいでしょう。Julia の主なメリットは以下の 4 つです。

◍ 高度な科学技術計算や数値解析に強い

科学技術計算，統計，ML などの分野で力を発揮します。

◍ 実行速度が速い

Julia の最大のメリットは，同じ動的言語に属する Python や R などに比べて実行速度が速いこと。

動的言語とは，プログラムの実行時に機械語への変換処理が行われるタイプの言語（インタプリタ）であり，その分実行速度が遅くなります。Python，R，JavaScript，Julia，Ruby，PHP などが動的言語です。これに対し，静的言語とはプログラムの実行に先立って変換処理（コンパイル）を行う言語（コンパイラ）であり，実行時に変換処理が行われない分プログラムの実行速度が速くなります。C，C++，FORTRAN などが静的言語です。

◍ インストールが容易で記述ルールが割と簡単で便利

Julia インストールは公式サイト［https://julialang.org/］（2020 年 8 月現在）に行き，自分に該当する OS と，32-bit 版か 64-bit 版かを選んでクリックするだけなので，非常に簡単です。また，公式サイトに「あらゆるバックグラウンドや経験レベルを問わず，プログラマーにとって使いやすい言語になっています（原文は英語）」との記述があり，各種 Web にも「書きやすい」「使いやすい」といったエンジニアのコメントが数多く見られます。

◉ Python，C，FORTRAN のライブラリが呼び出せる

専用ライブラリ以外に C や FORTRAN で作成された外部ライブラリを直接使えることも大きなメリットです。また，Python のコードを呼び出したり，Python と Julia の間でデータを共有したりすることも可能です。

◆ Julia のデメリット

Julia には，大きなデメリットはありませんが，あげるとすれば下記の2つです。

◉ 汎用性が足りない

高等数学の計算をメインターゲットに開発されたことから，現時点ではビジネスの様々な課題の解決に幅広く対応することは困難です。したがって，まだ企業現場での実用実績が少ないのが難点です。ただ，今後，高等数学を利用した高度なデータ分析の需要が増えれば，Julia の人気が高まっていくでしょう。

◉ Julia 用に提供されているライブラリがまだ少ない

オープンソースが公開されてからそれほど経っていないため，提供されているライブラリが多くないことがデメリットといえます。

◆ Julia で書いたごく簡単なプログラムのサンプル

以下に，Julia で書いたごく簡単なプログラムのサンプルを示します。Julia を起動してプログラム入力用の画面に表示される「Julia>」（命令コードの入力を促すプロンプト記号）の後に，命令「(79 *131)」を入力してみましょう。すると，その下の行に，「10349」が表示されます。

```
Julia >79 *131
10349
```

次に，「Julia >」（プロンプト記号）の後に，命令「(2688 / 96)」を入力してみましょう。すると，その下の行に，「28」が表示されます。

```
Julia >2688 / 96
28
```

　上記のサンプルのコードは，表現法が若干異なりますが，PythonやRで書いた
サンプルの計算式と基本的に同じであることがおわかりいただけたと思います。

　★本書の目的は各言語でプログラミングができるようになることではないの
　　で，Juliaで書いたAIプログラムのサンプルは割愛します。Juliaをより深
　　めてみたい読者の方は，"Download Julia"〔https://julialang.org/
　　downloads/〕（2020年8月現在）の手順に従ってJuliaをダウンロードし，
　　ダウンロードファイルを実行し，開いたウインドウの指示に従ってインス
　　トールを行い，Juliaによるプログラミングにチャレンジしてみてください。

10-5 AIシステムの効率的な開発に役立つライブラリ

　ライブラリとは，プログラムに組み込む機能を部品化したファイルを集めたも
のです。このセクションでは，Python，R，Julia，C++などの言語によるプロ
グラミングでよく利用されるライブラリについて説明します。

◆ライブラリとは何か，どんな種類があるか

以下で，ライブラリの定義と種類について説明します。

◉ ライブラリとは何か

　プログラム用のライブラリとは，プログラムの中でよく引用される関数，機
能，データなど（プログラムを構成する部品）が数多く集められた図書館（ライ
ブラリ）のようなものです。ライブラリを利用することで，一からプログラ
ムを作成する場合に比べてプログラミング作業の効率が大幅に向上し時間も短
縮されます。数多くのライブラリがWebに公開されており，基本的に誰でも
無料で利用することができます。

※最近では, ライブラリをもう少し拡張したイメージの「フレームワーク（プログラム開発用の枠組み）」という用語がライブラリの代わりによく使われるようになってきています。

◉ **ライブラリにはどんな種類があるか**

ライブラリには, 「静的」と「共有」の2つのタイプがあります。
- 静的ライブラリ：プログラムの作成時に実行ファイル内に組み込まれるタイプのライブラリ
- 共有ライブラリ：プログラム実行に呼び出され（ロードされ）, 複数のプログラム間で共有されるタイプのライブラリ

◆ **Python, R, Julia などでよく利用されるライブラリとそれぞれの特徴**

各ライブラリの説明に入る前に, ライブラリを使うメリットについて述べておきます。主なメリットは, 「コードを書く手間が省けること」と「洗練されたライブラリを用いることで自分が書くよりも高速な処理が実現できること」の2点です。

Python, R, Julia, C++ などの言語を用いて ML 用プログラムや DL 用プログラムを作成する際には, TensorFlow, scikit-learn, Caffe, Keras, PyTorch, NumPy（Python での数値計算を効率的に行うための拡張モジュールライブラリ）, pandas（Python において, データ解析を支援する機能を提供するライブラリ）, Matplotlib（科学計算用ライブラリである NumPy のためのグラフ描画ライブラリ）といったライブラリがよく利用されます。紙幅の制約があるため, 以下に TensorFlow, scikit-learn, Caffe, Keras, PyTorch の特徴を示します。ライブラリの名前だけ覚えようとしても中々難しいので, 各々の特徴を眺めながらライブラリとは何なのかのイメージをつかんでください。

◉ **TensorFlow（テンソルフロー）の特徴**

Google が「Google Brain」というプロジェクトで開発しているニューラルネットワーク（NN）および DL 用の最新のライブラリです。現実の複雑な問題に対応できるようつくられており, 企業現場などでの実践的なシステムの

開発に役立ちます。現在，AI システムの開発にもっともよく使われているライブラリです。

- 対応しているプログラミング言語：Python，C++
- 対応している OS：Windows，Ubuntu，Mac OS
- ライセンス：Apache2.0（オープンソースライセンスの一種）
- GPU への対応：可
- 開発元：Google
- 適用できる手法：NN，DL，SVM など

◉ scikit-learn（サイキットラーン）の特徴

Python の代表的な ML 用ライブラリです。ML 全般のアルゴリズムが実装されたライブラリでエンジニアだけでなく，研究者にも人気があります。scikit-learn の「アルゴリズムチートシート（早見表）」は，ML にどのアルゴリズムを使ったらよいか判断する際に便利です。

- 対応しているプログラミング言語：Python，Cython，C，C++
- 対応している OS：Windows，Mac OS，Linux
- ライセンス：BSD License（オープンソースライセンスの一種）
- GPU への対応：不可
- 開発元：Google 関係のプロジェクトを起源とするオープンソース
- 適用できる手法：ML 全般

◉ Caffe（カフェ）の特徴

オープンソースの DL 用ライブラリであり，C++ でプログラミングされています。画像認識に特化しており，「高速動作」「GPU 対応」「洗練されたアーキテクチャ／ソースコード」「開発コミュニティが活発」などの特徴があります。

- 対応しているプログラミング言語：C++，Python，MATLAB
- 対応している OS：Windows，Ubuntu，CentOS，Mac OS，RHEL，Fedora
- ライセンス：2-Clause BSD License（オープンソースライセンスの一種）
- GPU への対応：可

- 開発元：Berkeley Vision and Learning Center
- 適用できる手法：DL，NN

Keras（ケラス）の特徴

迅速な実験を可能にすることに重点をおいて開発されたライブラリです。日本人にとっては，ドキュメント（文書のデータやファイル）が日本語化されている点もメリットです。

- 対応しているプログラミング言語：Python
- 対応している OS：Windows
- ライセンス：MIT License（オープンソースライセンスの一種）
- GPU への対応：可
- 開発元：多数の個人による協働
- 適用できる手法：NN，DL

PyTorch（パイトーチ）の特徴

PyTorch は，Python 用に開発された ML および DL 向けのライブラリです。大きな特長は「強力な GPU 高速化によるテンソル計算が可能」と「自動微分を使ってシンプルな NN を記述することが可能」の2つです。2016 年後半に発表された比較的新しいライブラリであるにもかかわらず，その書きやすさと使いやすさから人気が上昇してきています。

- 対応しているプログラミング言語：Python，C++，CUDA
- 対応している OS：Windows，Mac OS，Linux
- ライセンス：3-Clause BSD License（オープンソースライセンスの一種）
- GPU への対応：可
- 開発者：Adam Paszke，Sam Gross，Soumith Chintala，Gregory Chanan
- 適用できる手法：ML，DL

Chapter **11**

Python を利用して簡単なプログラムを作成してみよう

　これまでのチャプターを通して，AI（人工知能）について多くの知識を学んできました。チャプター 10 では，実際のプログラムのソースコードを見ながら，その雰囲気をつかみました。本チャプターでは，実際に Python を使いながら，AI や機械学習（マシンラーニング：ML）というものを，プログラムによって実行していく流れを学んでいきます。座学だけでなく，実際に手を動かして学ぶことで，これまでのチャプターで得た知識を確認しながら，エンジニアの開発現場を垣間見ることができます。AI リテラシーを身につける上で，プログラミングを行うことは必須ではありませんが，一度でも手を動かして経験してみると，多くの発見が得られるはずです。

　Python を使って実際に動くプログラムを作成するためには，コンピューター上に開発環境を整える必要があります。現在，その開発環境は，誰でも無料で利用できる形で配布されており，ソフトウエアをダウンロードして使うような感覚で，気軽に利用することができます。ここでは，Anaconda というプログラム開発環境をダウンロードして利用することで，Python による簡単なプログラム開発を行います。Anaconda を利用すると，まるで電卓を使うような感覚で，Python を利用できます。それだけではなく，数値演算，データ分析，機械学習など，高度な計算を行うライブラリをインストールでき，簡単に開発環境を整えることができます。

◆ **プログラム開発環境 Anaconda のインストール**

　まずは下記 URL にアクセスし，Anaconda のインストーラーをダウンロードします（Windows，Mac 共通）。

> Anaconda のダウンロード URL
> https://www.anaconda.com/products/individual/

　※　ここでのインストール方法は 2020 年 8 月現在のものであり，今後，Anaconda のウェブサイトの URL やデザインなどの変更が行われる場合があります。

　Anaconda のサイトにアクセスし，最新版の「Python 3.8 version」をダウンロードします。図 11-1 のように，① OS を選択し，② 実行ファイルをダウンロードします。

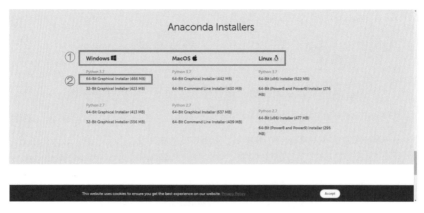

図 11-1 Anaconda のインストール

　Windowsの場合は，32 Bit 版と64 Bit 版のいずれをダウンロードすべきかは，利用しているPCによって決まります。PCが 32 Bit か 64 Bit のいずれかは，バージョン情報を参照することで判断できます。図 11-2 のように，画面左下のスター

図 11-2 バージョン情報の確認方法

トボタンを右クリックし,項目の一覧からシステムを左クリックすると,バージョン情報が開きます。そこで,システムの種類を確認し,64 Bit か 32 Bit のいずれかを確認します。

Anaconda のダウンロードが完了したら,インストーラーをダブルクリックし,インストールを開始します。その後は,手順にしたがって,インストールを行います。

◆ **実行環境 Jupyter Notebook によるプログラミング**

開発環境である Anaconda をインストールし,立ち上げた後は,実際にプログラムを実行するための実行環境を立ち上げます。実行環境には様々なものがありますが,ここでは,もっともポピュラーである Jupyter Notebook という環境を利用します。

まずは,メニューから Anaconda を起動します。Windows の場合は,左下のスタートメニューから,Mac の場合は,アプリケーションから Anaconda-Navigator を起動しましょう(図 11-3)。

Anaconda-Navigator を起動し,Jupyter Notebook をクリックして開くと,Desktop や Document など,フォルダ一覧が確認できます。ここに作業用フォルダを作成します(図 11-4)。右上の New をクリックし,Folder を選択すると,Untitle Folder というフォルダが生成されていることを確認できます。

このフォルダの①左側のチェックボックスにチェックを入れ，②左上の
Rename をクリックすると，名前を変更することができます（図 11-5）。ここ
では，Work というフォルダ名に変更することにします（図 11-6）。

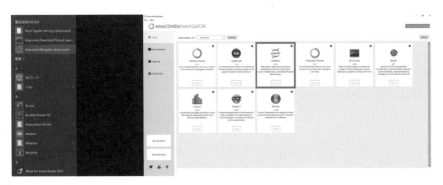

図 11-3　Anaconda の起動方法

図 11-4　Jupyter Notebook のフォルダ作成手順

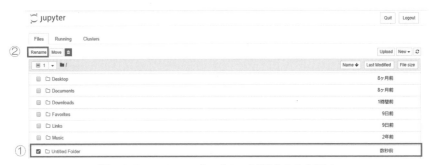

図 11-5　Python プログラムを開始する手順 1

今後，多くのプログラム開発を行う場合は，フォルダの整理が重要です。作成したフォルダの中に，さらにプロジェクトごとにサブフォルダをつくるなど，工夫しておくと便利です。

　これで，Python によるプログラミングを行うための準備が整いました。ここからは，いよいよ自分の手で Python プログラミングを行っていく方法を説明します。

11-2 Python によるプログラミングを体験してみよう

　ここからは，Jupyter Notebook で作成したフォルダの中に移動し，プログラムを作成して，動くことを確認してみましょう。最初に行うのは，print 文という，文字列を表示するプログラムを動かすことです。単純なプログラムではありますが，つくった開発環境／実行環境が問題なく動作しているかどうかを確認する上で，実際の開発現場でも，まず実行する重要なプログラムです。

　では，先ほど作成した Work フォルダをクリックし（図 11-6），フォルダ内に移動しましょう。そして，フォルダを作成したときにクリックした右上の New をクリックし，今回は Python3 をクリックします（図 11-7）。すると，Notebook と呼ばれる図 11-8 のような画面が立ち上がります。ここにプログラムを書いていくことで，プログラムを実行することができます。

図 11-6 **Python プログラムを開始する手順 2**

図 11-7　Python プログラムを開始する手順 3

図 11-8　Notebook

　それでは，print 文を実行することで，好きな文を出力させてみましょう。図
11-9 の①のように，print の後に，スペースなどを入れず，括弧で括った上で，
その中にクォーテーションマークで文字列を括ります（ダブルクォーテーション
マークでもシングルクォーテーションマークでもどちらでも構いません）。ここ
では，プログラミングの分野では伝統的に使われている "Hello world" という文
字列を打ち込んでみましょう。

　プログラムを書いた後は，shift+enter を押すことで，プログラムが実行でき
ます。②のように，文字列が表示されることが確認できるはずです。日本語の

図 11-9　print 文による文字列の表示手順

表示も可能です。"Hello world" だけでなく，いろいろな文字列を表示してみましょう。

　次に行うのは計算です。電卓のように様々な計算を行うことができます。図11-10 の①のように，10+20 という式を入力して実行すると，②のように 30 という答えが出力されます。足し算は「+」，引き算は「-」，掛け算は「*」，割り算は「/」を使って行います。

図 11-10　計算を行う手順

　ここまでできれば，Python でのプログラミングを学ぶための入り口に立てたといえます。本格的に，基礎から Python を学んでみたい場合は，入門書や動画教材を探してみましょう。

11-3 ライブラリを利用して簡単な機械学習を体験してみよう

　ここでは，簡単な ML を体験するために，Microsoft Excel からデータを読み込み，読み込んだデータを学習し，分析します。特に，ここでは，教師なし学習の 1 つである *k*-means 法によるクラスタリングを行います。

　まず，データの読み込みには，pandas というライブラリを用います。pandas は Excel のような表データなどのデータを扱うために便利なライブラリです。まず，図 11-11 のような Excel ファイルを準備した上で，Jupyter Notebook のフォルダにコピーします。具体的には，Excel ファイルをドラッグ

し，Jupyter Notebook 上でドロップします。すると，図 11-12 のように，Upload ボタンがつくられるので，これをクリックすることによって，コピーが完了します。

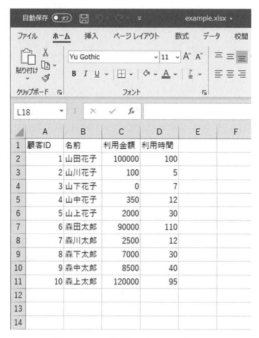

図 11-11 分析のためのデータ

図 11-12 Jupyter Notebook へのデータのコピー

データのアップロードが完了したら，pandas によって読み込みましょう。図11-13 のソースコードを実行してみてください。1 行目は，ライブラリである pandas の読み込みを，2 行目は，data という変数への Excel データの読み込みを，3 行目は，data の中身の表示を，それぞれ意味します。この Excel データは，あるスマートフォンアプリへの 1 ヵ月の利用金額（課金額）と利用時間をイメージして作成したものです。

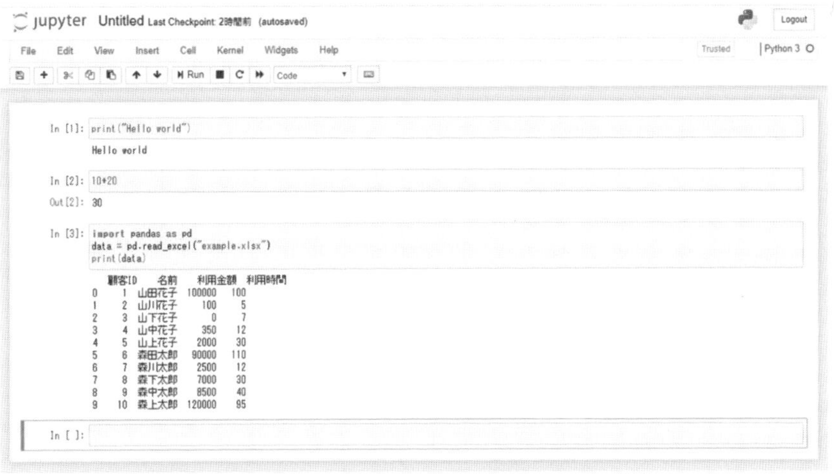

図 11-13 **Excel データの読み込み**

```
【図 11-13 のソースコード】
import pandas as pd
data = pd.read_excel("example.xlsx")
print(data)
```

さて，ML を行う上で，最初に行うべきことは，現状のデータの把握です。pandas を用いて読み込んだデータをグラフに可視化してみましょう。グラフの可視化には，Matplotlib というライブラリを用います。

図 11-14 のソースコードを実行してみましょう。1 行目は，ライブラリ Matplotlib のインポートを，2 行目は，先ほど読み込んだ data の項目のうち利

用金額を x 軸に，利用時間を y 軸にプロットする散布図の表示，3 行目は，x 軸のラベルに Yen を，4 行目は，y 軸のラベルに Hours を，それぞれ指定するという命令です。

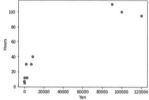

図 11-14 **データの可視化**

```
【図 11-14 のソースコード】
import matplotlib.pyplot as plt
plt.scatter(data[' 利用金額 '], data[' 利用時間 '])
plt.xlabel('Yen')
plt.ylabel('Hours')
```

この様子を見ると，Excel に記載された利用者は，大きく 2 種類（多額・長時間の利用者と，少額・短時間の利用者）に分けられることがわかります。これを手動で分けるのではなく，*k*-means クラスタリングによって自動的に分けてみます。ここでは，ML を行う scikit-learn というライブラリを用います。

図 11-15 のソースコードを実行してみてください。1 行目は，ライブラリ scikit-learn（コード内では sklearn と表記）の cluster からの KMeans という関数のインポートを，2 行目は，関数 KMeans によるクラスタリング（クラスター数 2）を，3 行目は，変数 data_X への data からのデータ抽出を，4 行目は，data_X のクラスタリングを，5 行目は，それぞれのデータがクラスター分けされた際のクラスターの番号を，6 行目は，それぞれのデータのクラスター番号の表示を，それぞれ意味します。

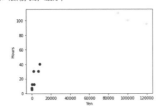

```
In [5]: from sklearn.cluster import KMeans
        model = KMeans(n_clusters=2, random_state=0)
        data_X = data[['利用金額', '利用時間']]
        model.fit(data_X)
        y = model.labels_
        print(y)

        [1 0 0 0 0 1 0 0 0 1]

In [6]: plt.scatter(data['利用金額'], data['利用時間'], c=y)
        plt.xlabel('Yen')
        plt.ylabel('Hours')

Out[6]: Text(0, 0.5, 'Hours')
```

図 11-15　データのクラスタリングとその可視化

【図 11-15 のソースコード　その 1】

```
from sklearn.cluster import KMeans
model = KMeans(n_clusters=2, random_state=0)
data_X = data[['利用金額', '利用時間']]
model.fit(data_X)
y = model.labels_
print(y)
```

今，結果として 1 番目，6 番目，10 番目がクラスター番号 1 に，残りが 0 に，それぞれ分類されているので，1 番目，6 番目，10 番目である山田花子さん，森田太郎さん，森上太郎さんがクラスター番号 1 に，残りが 0 に，それぞれ分類されたことになります。

　その後のソースコードは，データの可視化を意味します。特に，1 行目の c=y は，変数 y に格納されているクラスター番号にしたがって色分けをせよ，という意味です。

```
【図 11-15 のソースコード　その 2】
plt.scatter(data[' 利用金額 '], data[' 利用時間 '], c=y)
plt.xlabel('Yen')
plt.ylabel('Hours')
```

　以上が，データを読み込み，教師なし学習であるクラスタリングを行う一連の流れです。ここでつくられたモデルを用いて，まだ学習していない新しいデータを分類したり，学習データに追加したりなどを行い，モデルの精度を高めていくことになります。よりイメージをつかむためには，読み込んだ Excel データを，自分なりに書き換えてみたり，また，もっているデータを使ったり，さらに，クラスターの数を変えてみて結果がどうなるかを観察したりなどを行ってみると良いでしょう。

　さらに，Python を用いた ML を詳しく学んでみたい場合は，ここで得た知見を元に，知識を増やしていきましょう。

AI の活用に不可欠なデータサイエンスの基本

　このチャプターでは，AI（人工知能）を活用するために不可欠なデータサイエンスの基本について解説します。

　「データサイエンティスト」というと IT エンジニアと同様の職種と思われがちですが，実は情報処理系以外の出身のデータサイエンティストも少なくありません。それは，データサイエンティストに必要とされるスキルが基本的に「データサイエンス」「データエンジニアリング」「BI（ビジネスインテリジェンス）」という 3 つのカテゴリーから成っており，どのカテゴリーを得意としているかでこの職種のタイプが異なる（もちろんほかの 2 つのカテゴリーの知識もある程度は必要ですが）からです。ちなみに，米 Glassdoor（ソーシャル求人情報サイト）の調査・分析によると，2019 年の米国すべての職業の中で年収，満足度，需要から総合的に判断した結果，第 1 位の職業は「データサイエンティスト」とのことです。日本においても，人気が急上昇している職種の 1 つです。AI に置き換えられやすい職業だという見方もあるようですが，かなり知恵（知性の一種）を要する仕事なので，そういう心配は不要だと思われます。

　データサイエンティストになるかどうかは別にして，データサイエンスについて学んでおけば，AI の活用をデータの視点から論じることができるようになります。つまり，データドリブンな（意思決定においてリアルなデータを重視する）ビジネス現場に必須の知識だということです。

12-1 データサイエンスの定義と本質を把握しよう

　このセクションの学習目標は，データサイエンスとは何かを理解することと，本質（要点）を把握することにあります。この 2 つの視点からデータサイエンスについて解説していきます。

◆ データサイエンスとは何か？

　『AI 戦略 2019』の「Ⅱ-1　教育改革」の中に，大学・高専・社会人向けとして，下記の 2 つの目標が設定されています[*1]。これは，2020 年度からの実施を前提としたものです。

- **具体目標 1**：文理を問わず，すべての大学・高専生（約 50 万人卒／年）が，課程にて初級レベルの数理・データサイエンス・AI を習得
- **具体目標 2**：多くの社会人（約 100 万人／年）が，基本的情報知識と，データサイエンス・AI 等の実践的活用スキルを習得できる機会をあらゆる手段を用いて提供

　これを見ると，我が国の政府がいかにデータサイエンスを重視しているかわかります。これを踏まえて，以下の 3 項目について説明していきます。

◉ データサイエンスの起源

　「データサイエンス」という言葉の起源については諸説ありますが，デンマークのコンピューター科学者のピーター・ナウアが 1974 年の著書『Concise Survey of Computer Methods（コンピューターメソッドの簡易調査）』においてデータ処理手法の応用について論じる文脈の中で使用したのが最初のようです。その後，2001 年に米国のベル研究所のウイリアム・クリーブランドが「Data Science: An Action Plan for Expanding the Technical Areas of the Field of Statistics（データサイエンス：統計分野の技術領域を拡張するための行動計画）」というレポートの中で，長年にわたって研究・蓄積されて

[*1]　統合イノベーション戦略推進会議決定『AI 戦略 2019 ～人・産業・地域・政府全てに AI ～』（2019 年 6 月）p.12 から引用・編集

きた統計学のスキルと急速に進化を続けるコンピューター科学によるデータ処理技術を統合する「データサイエンス」という学問領域の創設を提唱してから，専門領域として認知されるようになりました。

◉ データサイエンスの様々な定義

「データサイエンス」という言葉は，辞典類にはまだほとんど収載されていません。唯一（？）「デジタル大辞泉」(小学館)に，下記の解説が示されています。

> データサイエンス (data science)：データの分析についての学問分野。統計学，数学，計算機科学などと関連し，主に大量のデータから，何らかの意味のある情報，法則，関連性などを導き出すこと，またはその処理の手法に関する研究を行うこと。

この定義だけでは不十分なので，データサイエンスをメインテーマとして扱う2つの書籍にある定義も示しましょう。

> データとドメイン（データを活用する領域）を結びつけ成果を生むとき鍵となる要素のひとつで，計算機科学（情報と計算の理論的基礎およびそのコンピューター上への実装と応用に関する研究）や統計学などを使いデータからドメインにとって有益な知見を引出し，それをドメインに活用するアプローチ。[2]

> 一般的には，意思決定をサポートするために大量のデータから法則・関連性を導き出すための手法に関する研究を指します。なぜサイエンスと呼ばれるかというと，そのデータサイエンス手法が科学的アプローチ（①先行研究のリサーチ，②仮説の構築，③実験計画，④実験・解説・結果の整理，⑤論文執筆）の流れに近く，既存の科学的アプローチを応用できるからです。[3]

---

[2]　高橋威知郎『文系のためのデータサイエンスがわかる本』総合法令出版（2019年9月）pp.26-27 から引用
[3]　高木章光，鈴木英太『最新 データサイエンスがよ～くわかる本』秀和システム（2019年1月）p.3 から引用

◉ データサイエンスを簡潔にいい表すと

上記のほかに IT 企業や大学の情報系研究室の Web サイトでの定義も参考にした結果，本書では，データサイエンスを次のように定義します。

> データサイエンスとは
> 「統計学」「数学」「計算機科学」「業務分析・データ分析」の分野で
> 長年培われてきたスキルを融合することで
> 実用性の高い知見を導き出し，
> ビジネス現場でリアルデータの効果的な活用を実現する科学的な領域

◆データサイエンスの本質（要点）を把握しよう

次の 2 つの視点から，データサイエンスの本質について説明します。

◉ データサイエンスの目的

データサイエンスを研究し応用する目的は，官公庁・地方自治体・公共団体・大学・研究機関・民間企業・民間団体などに蓄積されている大量のデータから，科学的な課題，ビジネス上の課題，および社会全般の課題に対する有益な知見を引き出すことで課題の解決をサポートすることにあります。

◉ データサイエンスで扱う課題と解決策（成果）

データサイエンスを，どのような課題や問題を解決するために利用するのかを知るために，下記の 2 つの事例[*4] を見てください。

- 救急需要の予測：横浜市と横浜市立大学が横浜市消防局に蓄積された 15 年間・約 250 万人分の救急搬送記録データを活用し，将来推計人口，インバウンド，気象の影響などを加味し，2030 年までの救急出動件数を予測し，今後の救急車の効率的な運用に活かすプロジェクトを実施。統合型 GIS およびクロス分析などの統計手法を活用。
- 富裕層旅行市場調査：JNTO と三菱総合研究所が主にクレジットカードの取引データを利用して，世界の富裕旅行市場の実態および富裕旅行者

[*4] 三菱総合研究所『ビッグデータを活用した行政課題解決に関する調査研究』（2019 年 3 月）から引用・編集

の消費行動などを調査・分析し，富裕旅行者のニーズに合致する国内コンテンツを調査することにより，富裕旅行者の誘客に向けた戦略を策定し，日本各地での訪日外国人旅行消費額の拡大につなげるプロジェクトを実施。データ補正とクロス分析などの統計手法を活用。

　1つ目の事例における課題は「救急車を効率的に運用できていないこと」であり，その課題の解決策は「過去の膨大なデータ（ビッグデータ）から2030年までの救急出動件数を予測し，今後の救急車の効率的な運用などに活用すること」です。また，2つ目の事例における課題は「富裕旅行者のニーズに合致する国内コンテンツがうまく開発できていないこと」であり，その課題の解決策は「クレジットカードの取引履歴などのデータ（ビッグデータ）の分析を通じて富裕旅行者の誘客に向けた戦略を策定し，富裕旅行者のニーズに合致する国内コンテンツを開発すること」です。

　両者とも，統計手法，ビッグデータ，AI（機械学習）が使われている点で，データサイエンスの応用事例といえます。

12-2 AI活用でデータサイエンティストが果たす役割を知ろう

　このセクションの学習目標は，データサイエンティストがどんな職種で果たすべき役割は何かを理解し，この職種に必要なスキルを把握することにあります。この2つの視点からデータサイエンスについて解説していきます。

◇データサイエンティストとはどんな職種か？

　「データサイエンティスト」はデジタルビジネスの急速な成長に伴ってその重要性が認識されつつある新しい職種です。総務省，経済産業省，国土交通省などの専門家会議や研究者，IT系の企業などがデータサイエンティストについて様々な定義を示しています。それらを検討・勘案して，本書では下記のように定義します。

データサイエンティストとは
情報工学, 数学, 統計学, プログラミングなどの知識・スキルを駆使し,
大量のデータを分析することにより実用性の高い知見を導き出し,
ビジネス現場でリアルデータの効果的な活用を実現する役割を担う
学際的（多領域融合的）な専門職

◎**データサイエンティストに求められるスキルについて知ろう**

　図 12-1 のように，データサイエンティストに求められる主要なスキルは「ビジネス力（ビジネスインテリジェンス力）」「データサイエンス力（統計解析力）」「データエンジニアリング力（データテクノロジー力）の 3 つです。

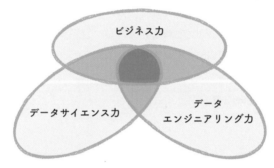

ビジネス力

データサイエンス力

データ
エンジニアリング力

図 12-1　データサイエンティストに必要な 3 つのスキルカテゴリー[*5]

　表 12-1 は，図 12-1 の各スキルカテゴリーを構成するスキルファクターの一覧です。

　3 つのカテゴリーのすべてのスキルに精通しているのが理想ですが，それは現実的ではないので，どれか 1 つのカテゴリーをコア領域として活動しているサイエンティストが多いようです。3 つのカテゴリーのスキルすべてが必要なプロジェクトでは，得意領域が異なる複数のデータサイエンティストが参画・協力するケースもあります。

*5　データサイエンティスト協会のプレスリリース（2014 年 12 月 10 日）［http://www.
　　datascientist.or.jp/files/news/2014-12-10.pdf］（2020 年 8 月現在）の「図 1　デー
　　タサイエンティストに求められるスキルセット」をもとに作成

ちなみに，文系出身者のデータサイエンティストの多くが，BI（ビジネスインテリジェンス）系の知識・スキルを強みとして活躍しています。

表 12-1　3 つのスキルカテゴリーの構成要素 [※6]

3 つのスキルカテゴリーを構成するスキルファクター					
データサイエンス力	1	基礎数学	データエンジニアリング力	1	環境構築
	2	予測		2	データ収集
	3	検定／判断		3	データ構造
	4	グルーピング		4	データ蓄積
	5	性質・関係性の把握		5	データ加工
	6	サンプリング		6	データ共有
	7	データ加工		7	プログラミング
	8	データ可視化		8	IT セキュリティ
	9	分析プロセス	ビジネス力	1	行動規範
	10	データの理解・検証		2	契約・権利保護
	11	意味合いの抽出，洞察		3	論理的思考
	12	機械学習技法		4	着想・デザイン
	13	時系列分析		5	課題の定義
	14	言語処理		6	データ入手
	15	画像・動画処理		7	ビジネス観点のデータ理解
	16	音声／音楽処理		8	分析評価
	17	パターン発見		9	事業への実装
	18	グラフィカルモデル		10	活動マネジメント
	19	シミュレーション／データ同化			
	20	最適化			

＊6　データサイエンティスト協会『データサイエンティスト スキルチェックリスト ver3.01』（2019 年 10 月）〔https://www.datascientist.or.jp/common/docs/skillcheck_ver3.00.pdf〕（2020 年 8 月現在）p.2 の「スキルカテゴリ一覧」をもとに作成。スキルの詳細については，同資料を参照

12-3 データサイエンスと AI との関係を把握しよう

データサイエンスも AI も歴史が浅く解釈や定義が様々あるため，両者の関係を明確にすることはそれほど簡単ではありません。このセクションでは，2 つの視点から両者の関係について説明します。

◈ AI の定義とデータサイエンスの定義を比較することでわかること

チャプター 1 の 1-1 に示した AI の定義と，12-1 に示したデータサイエンスの定義を比較してみましょう。

◉ 本書における AI の定義

人間の脳の働きの一部を模すことから始まり，
人間の知能の一部を人工的に実現する
高度な情報処理の手法（方法論），
あるいはその仕組みを計算機上のシステムに落とし込んだもの

◉ 本書におけるデータサイエンスの定義

「統計学」「数学」「計算機科学」「業務分析・データ分析」の分野で
長年培われてきたスキルを融合することで
実用性の高い知見を導き出し，
ビジネス現場でリアルデータの効果的な活用を実現する科学的な領域

AI の定義に「情報処理の仕組み，あるいはその仕組みを計算機上で動くシステムに落とし込んだもの」とあり，データサイエンスの定義に「ビジネス現場でリアルデータの効果的な活用を実現する科学的な領域」とあることが，両者の関係を示唆していると考えられます。

◈ データサイエンスと AI との関係を大まかに把握しよう

12-2 の表 12-1「データサイエンス力」の項目に AI の主要な手法である「機

械学習」や「予測」「判断」「グルーピング」「時系列分析」「言語処理」「画像・動画処理」「パターン発見」といった AI 領域の重要なキーワード（表内で色線が引いてある語）が多く含まれていることから，データサイエンスと AI は密接な関係にあることがわかります。

従来の統計学の手法ではルールベースのプログラムが用いられていましたが，統計学とほかのいくつかの領域を融合させた「データサイエンス」では，AI の主要な手法である機械学習（マシンラーニング：ML）を用いるのが一般的になりつつあります。つまり，AI はリアルデータを効果的に活用するための実現手段だということです。それに伴って，ML 用の新しい計算技法（アルゴリズム）やモデルの開発・改良も進んでいます。つまり，両者は不可分の関係にあり，ビジネス現場での AI 活用にはデータサイエンスが必須なのです。

データサイエンスと AI の関係を理解する参考になるように，「AI エンジニア」（特に「機械学習エンジニア」）に必要と考えられるスキルや知識を表 12-2 にまとめたので，表 12-1 の内容と比較してみてください。

表 12-2 AI エンジニアに必要なスキル[7]

① AI・機械学習・ディープラーニングの基礎知識 ・AI の定義と分類 ・教師あり学習と教師なし学習 ・前処理，特徴・特徴量の抽出，学習と評価 ・機械学習用の各種の計算技法（アルゴリズム） ・ニューラルネットワークの原理 ・ディープラーニングの原理と代表的な計算技法（CNN，RNN，LSTM，GANs）
② プログラミングスキル ・AI 開発に使われる言語：Python，R，Julia，C++，JavaScript など ・AI 開発に使われるライブラリ：scikit-learn，TensorFlow，Keras など
③ 統計の知識 ・分散，検定，確率分布，標準偏差など
④ 数学の知識 ・行列，確率，線形代数，ベクトルなど
⑤ 業務分析の知識 ・業務分析プロセス，BPR（ビジネス・プロセス・リエンジニアリング）など

＊7　AI 関連の書籍や省庁・IT 企業の Web サイトの情報をもとに作成

データサイエンスを実世界で応用するには，ビッグデータが不可欠です。このセクションでは，3 つの視点からビッグデータの収集・活用について説明します。

◆ビッグデータとは何か？

政府の『情報通信白書（令和元年版）』，『未来投資戦略 2017』，『AI 戦略 2019』，各種の委員会報告書の記述から総合的に考えると，ビッグデータとは下記を指すと考えられます。

> 従来に比べて質が多様で量がきわめて多く，
> 事業に役立つ知見を導き出すことが可能なデータ

AI とビッグデータは「ニワトリとタマゴの関係」にあります。「AI が進化したことで，ビッグデータを活用できるようになった」と「インターネット，通信技術，IoT，データ分析技術，ハードウエア（半導体チップや各種センサーなど）が発展したことでビッグデータの収集・蓄積が可能になり，それの分析・活用を高速かつ効率的に実現する AI が開発されるようになった」のどちらもいえるからです。

◆ビッグデータはどこから収集したらよいか？

現在，ビッグデータとして主に活用されているのは，下記のものです。

- ソーシャルデータ：省庁・自治体・公共機関が収集してデータベース化されている財務・政策・行政・気象・地理・白書などの情報（近年は Web 公開されているものも多い）
- 企業データ：企業が収集・蓄積している顧客データ，販売管理データ（POS データなど），業績データ，取引先や顧客とのコミュニケーションデータ（通話記録や e メールなど），センサーデータ（各種のセンサーから収集される位置情報，速度，気温といった情報）など

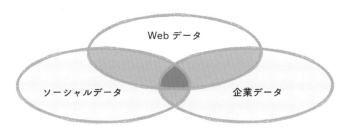

図 12-2 ビッグデータの主要な 3 つのソースと 3 者の相互関係

- Web データ：省庁・自治体・民間企業の Web サイトやソーシャルメディアなどにある文章・音声・画像・動画データ，自動収集されるアクセス履歴データなど

図12-2のソーシャルデータ，企業データの楕円が Web データの楕円と重なっている部分は Web 上に公開されているデータであり，重なっていない部分は官公庁・自治体の中のデータや企業内のデータです。

1つ注意が必要なのは，目的に適するデータがどこにあり，それをどうやって収集し AI（ML）で処理できる形にするかをしっかり考える必要があるということです。これこそが，データサイエンティストのもっとも重要な役割です。闇雲に集めた "ビッグなデータ" にはほとんど使い道がないことを肝に銘じておく必要があります。

◆ **ビッグデータを活用するためにどんな準備が必要か？**

表12-3 に示すように，ビッグデータには 3 つの特性があるとされています。

表 12-3 ビッグデータの 3 つの特性（3V）[8]

特性（3V）	意味
データの多様性（Variety）	文章，画像，音声といった非構造化データや多様なファイル形式
データ量（Volume）	膨大な量のデータ
データ発生・更新頻度（Velocity）	リアルタイム／秒単位などで収集・更新されるデータ

*8　IBM Redbooks『IBM Data Engine for Hadoop and Spark』と米国の調査会社 Gartner の公表資料をもとに作成

ビッグデータを効率的に活用する前準備として，文章，画像，音声といった構造化されていないデータは構造化データ（形式を整えたデジタル情報）に変換する必要があり，膨大な量のデータについては有用性の高いデータを抽出する必要があり，発生・更新頻度が高いデータに関しては高速処理や時系列処理を可能にする手法や技法を開発する必要があります。

12-5 PDCA サイクルと PPDAC サイクルについて知ろう

　データサイエンスでは，PDCA サイクルと PPDAC サイクルがよく使われます。このセクションでは，2 つのサイクルについて説明します。

◆業務や品質の改善に用いられる PDCA サイクルとは？
　業務管理や品質管理のように継続的な改善が必要な分野では，PDCA サイクル（Plan，Do，Check，Action の頭文字をとって名づけられた）がよく用いられます。この手法は，内容を一部修正して様々な分野で活用されています。

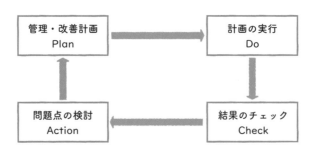

図 12-3　業務管理や品質管理における PDCA サイクル

◆データ分析によく用いられる PPDAC サイクルとは？
　PPDAC サイクルは，データサイエンスにおいてデータ分析によく用いられる手法です。このサイクルは PDCA サイクルの変形バージョンといえます。

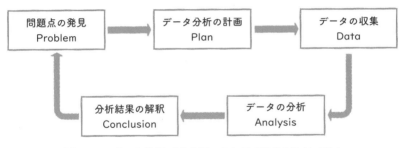

図 12-4　データ分析でよく用いられる PPDAC サイクル

　PPDAC サイクルは統計教育において「問題発見⇒解決」のためによく利用されています。

◆「データサイエンス＋ AI」で課題を解決する PDCA サイクル

　前述の 2 点を踏まえた上で，「データサイエンス＋ AI（機械学習）」でビッグデータを効率的かつ効果的に活用する（活用することで何らかの課題を解決する）プロセスについて考えてみましょう。図 12-5 のプロセスチャートを見てください。

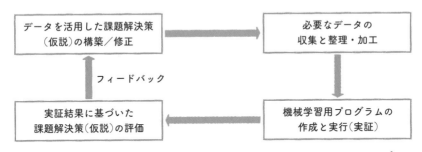

図 12-5　データサイエンスと AI（機械学習）を活用して課題を解決するためのプロセス

　最初に，データ（ビッグデータ）を活用して特定の課題を解決する方策（仮説）を策定する。この段階で課題解決の目標（何をもって解決したとするか）を立て，どんなデータをどこからもってくるかを考えておく必要があります。

　次に，課題解決に利用するデータを収集し，ML 用の入力データとして使える

ように整理・加工する。これにはデータエンジニアリングのスキルが必要です（表12-1 を参照）。

　3番目に，この課題の解決に適する ML 用の計算技法（アルゴリズム）を選定し，問題解決用のモデルを構築し，それを組み込んだプログラムを作成して実行する。

　そして最後に，ML の実行結果を評価して改善すべき点を明らかにする。それを最初の仮説の修正に反映させることでサイクルが回っていくのです。

Chapter 13

AI に関する様々な社会的課題

AI（人工知能）が自らの考えで何かに取り組み解決策を見出すようになり，人間の能力を超えた存在になる——これが AI のシンギュラリティ（技術的特異点）です。2045 年頃にそれは起こるのか？　多くの研究者は現時点で「そこまではないだろう」と考えていますが，AI が進化すれば様々な局面で社会的な問題が噴き出す可能性が生じます。すでに多くのトラブルが現実のものとなっています。

　ここで取り扱うのは，AI がもたらす国家，グローバル社会，企業，個人の生活への影響です。哲学や倫理に関わる内容が多いので，深く考えることで「結晶性知能」や「知性」を高めることができます。ぜひ，課題を自身の価値観に照らして考察し，自分なりの答えを出すよう努めてください。

13-1　AI が人間社会を支配する可能性はあるか？

SF 小説『1984 年（原題：Nineteen Eighty-Four）』は 1949 年に英国の小説家ジョージ・オーウェルが書いたディストピア（反ユートピア）小説です。この中に AI は登場しませんが「テレスクリーン」によって国民は常時監視されています。

　SF 映画『ターミネーター』シリーズでは，自我をもち，人間をせん滅しようとする AI「スカイネット」が登場します。偶然ですが公開は 1984 年でした。

日本人なら「テレスクリーンなどあり得ない」と考える人がほとんどでしょう。しかし中国では AI 制御の監視カメラが 2019 年時点で 2 億台を超すといわれていて（2020 年末には 6 億台にまで増えるという説もあります），AI による監視・管理社会はすでに現実のものとなっています。この監視カメラネットワークの名前は「天網」で，英訳すると "Sky Net" です。

◈AI の悪用をどう防ぐ

　AI 自らが人間社会を支配する可能性は「シンギュラリティは来ない」という立場からはあり得ませんが，人間が AI を悪用し世界を制圧しようと試みることはあり得ます。

　顔認証技術を用いて特定の個人を攻撃する超小型殺人ドローンや，親機から投下された大量の無人子機が，自律的に編隊を組みターゲット目がけて飛行し攻撃する「スウォーム（Swam：群れ）」という兵器などの開発が進むと，戦争のあり方も変わりそうです。無人戦闘機の普及で，近い将来の戦争は人と人ではなく機械どうしのものになるといわれています。実際，2019 年 9 月にサウジアラビアの石油施設が攻撃された事件は巡航ミサイルとドローンによって遂行されました。

　最先端の技術は AI に限らず常に悪用の危険にさらされていますので，取り立てて AI を問題視する必要はありませんが，AI が関与する新技術が独占されたり悪用されたりすることがないよう，国際的な相互監視が必要なのです。

図 13-1　中国の監視カメラ[*1]

13-2　AI で人間の仕事が激減したらベーシックインカム？

　東洋経済オンライン「ベーシックインカムは AI 失業時代の救世主か　世界各地で限定的な実験が行われている」（2017 年 5 月 12 日掲載），日本経済新聞「AI で失業　ベーシックインカムは正しい解決策か「ベンチャービート」より転載」（2016 年 11 月 11 日掲載），井上智洋『AI 時代の新・ベーシックインカム論』光文社（2018 年 4 月発行）など，AI の普及によって失業が増えた場合の対策としてベーシックインカムについて論じる動きがあります。

　AI については，2012 年に，IBM の元エンジニアで未来学者としても知られるトーマス・フレイが「AI と自動化によって，2022 年までに 10 億人の雇用が失われ，2030 年までに 20 億人の雇用が失われる」[2] と予測しました。また，**チャプター 4** の **4-2** で紹介した「日本の労働人口の 49％は人工知能やロボット等で代替可能」という野村総研のレポートや世界銀行による「OECD（経済協力開発機構）に加盟する先進 35 カ国の労働人口の AI による代替率は平均で 57％，割合が高いところではエチオピア 85％，中国 77％，インド 69％など」という報告が各国の労働者の不安をかきたて，その問題を解決する目的で「ベーシックインカム」という極端な政策を求める動きが出てきたのでしょう。

　一方で，2017 年に米 Gartner のデイヴィッド・ウィリスは「AI と自動化によって，2020 年までに 180 万人の仕事がなくなるが，230 万人の雇用が生み出される」[3] との予測を公表しました。また，**チャプター 4** の **表 4-2** に示したように，政府は産業構造の変革に取り組んだ場合は 2030 年までに 434 万人の新たな雇用が創出できると試算しています。

　AI の普及に伴って一時的に大量の失業者が出るとしても，新しい仕事に就くためのスキルアップを促す財政支出を増やせば新しい雇用に就くことができる人が増え，結果的に「ベーシックインカム」を支払わなくても済むのではないでしょうか。

＊2　角川アスキー総合研究所『MIT Technology Review（Future of Work）』KADOKAWA/ASCII（2018 年 7 月）p.10 をもとに記述
＊3　日経 xTECH「『AI は 180 万人の仕事を奪うが 230 万の雇用を創出する』，米ガートナーVP」（2017 年 10 月 31 日掲載）〔https://xtech.nikkei.com/it/atcl/news/17/103102567/〕（2020 年 8 月現在）から引用

Chapter
13

AIに関する様々な社会的課題

13-3 トロッコ問題と自動運転車

　倫理学で「トロッコ問題」と呼ばれる思考実験があります。ブレーキがかからなくなった路面電車が二股の岐路に差しかかったとき，そのまま直進すれば5人の作業員が死に，進路を切り替えれば1人の作業員が死ぬという状況になっているとして，分岐器の近くにいる作業員はどちらを選ぶのかという設問です。このほか様々な条件のもとで選ぶ進路を考えることで，人はどのように道徳的ジレンマを解決するか，手がかりとなると考えられています。

　自動運転の実現が目前に迫っている近年，トロッコ問題が注目されています。車の前に急に人が飛び出してきた場合に，急ブレーキだけでは間に合いません。ハンドルを右に切ればその人の命は救われますが，前方から来る車と正面衝突して車内の人が死ぬかもしれません。左に切れば崖から転落して谷底まで落ちて死ぬかもしれません。自動運転車のAIはどれを選ぶべきなのでしょうか？　という難しい問題です。

トロッコ問題の例（みなさんもぜひ考えてください）

① 直進すれば5人が死に，分岐器の進路を変えれば別の1人は死ぬが，5人は助かる。あなたは進路を変えますか？

② 直進すれば5人が死に，進路を変えても5人が死ぬ。その直前にいる人を線路内に突飛ばせばその人は死ぬが，電車は止まり10人は助かる。あなたは直前の人を突飛ばしますか？

③ 直進すれば50人が死に，ハンドルを切れば列車留めに激突し乗っている人だけが死にます。運転手のあなたはハンドルを切って自分が死ぬことを選びますか？

④ 直進すれば1人が死に，ハンドルを切れば乗っている人だけが死にます。あなたは運転手ではなく自動運転の設計者です。どちらを選ぶように設計しますか？　1人ではなく100人ならどうですか？

---

　④の質問は，自動運転車の普及にとって重要な質問です。乗っている自分が死ぬことを選ぶ車を，あなたは買うでしょうか？　自動運転車はおそらく，車に乗る人の安全確保を最優先して進路を判断することになると推測できます。

AI に起因するトラブルと責任の所在

　Uber と Tesla という米国の新興 IT 企業の自動運転車による死亡事故が連続して発生したため，AI が関係するトラブルの責任の所在に関する問題がクローズアップされるようになってきました。ここでは自動運転車の事故に焦点を当て誰が責任を取るべきなのかについて考えます。

⦿ Uber の自動運転車による死亡事故

　2018 年 3 月に，米国アリゾナ州で実験走行中の Uber の自動運転車が，夜間に自転車を押して広い道路を横断する歩行者をはねて死亡させました。これは自動運転車が初めて歩行者を死亡させた事故です。原因調査で車は衝突の 6 秒前に歩行者を検知したものの，緊急ブレーキが必要と判断したのは 1.3 秒前でした。しかも緊急ブレーキは作動しない設定に変更していたうえ，警報を発する仕組みもありませんでした。乗っていた係員はわき見をしていました。

⦿ Tesla の自動運転車による死亡事故

　その直後 Tesla「モデル X」が，カリフォルニア州の高速道路を走行中に中央分離帯に衝突・炎上する事故を引き起こしました。こちらはドライバーが死亡しました。Tesla によると運転支援機能の「オートパイロット」が作動中に事故が起きたといい，運転手が支援機能に任せっきりで注意を怠ったのではないかという見方もあります。

◆ 事故の原因と責任は？

　両方の事故とも，自動運転車自体に問題があった可能性があります。そして，運転者が自動運転を過信していたことから起こった事故の可能性が高いと思われます。

　事故の責任は誰が負うべきでしょうか？　対象となるのは，① AI の開発者 ② AI 搭載機器・サービスの製造・販売者　③ AI 搭載機器・サービスの利用者（＝運転者）　④ 被害者，この 4 者です。

　ウーバーの場合は ①②③④ すべてに過失がありそうです（① 人と認識する

のが遅れた，という説　② 緊急ブレーキを作動しない設定にしていた　③ わき見をしていた　④ 横断歩道のない 5 車線の道路を車を見ずに歩いて横断した）。

　テスラの場合は ①②③ に（運転者＝被害者なので同時に ④ にも）過失がありそうです。①② は誤作動を起こした可能性，③④ は運転支援装置に任せっきりだった，ということになるでしょうか。

　自動運転車の事故については，2018 年に政府が公表した『自動運転に係る制度整備大綱』の第 2 章 2 節「(4)責任関係」の「①民事責任」の項に「自動運転システム利用中の事故により生じた損害についても，従来の運行供用者責任を維持する。なお，保険会社等から自動車メーカー等に対する求償権行使の実効性確保のための仕組みを検討する。【自動車損害賠償保障法】」とあります。また「②刑事責任」の項では「自動車事故により死傷結果を生じさせた者に対する刑事責任については，実際の事例ごとに，注意義務違反や因果関係の有無等を判断するものである。その上で，一般的には，今後の交通ルールの在り方，事業形態等から，当該者に期待される役割に応じて求められる注意義務を果たしていたかどうかなどを踏まえて，責任が判断されることとなる」と記されています。

　前記の「運行供用者責任」については，自動車損害賠償保障法の第三条に「(自動運転車の運転で）他人の生命又は身体を害したときは、これによつて生じた損害を賠償する責に任ずる。ただし、自己及び運転者が自動車の運行に関し注意を怠らなかつたこと、被害者又は運転者以外の第三者に故意又は過失があつたこと並びに自動車に構造上の欠陥又は機能の障害がなかつたことを証明したときは、この限りでない」と記されています。

　なお，自動車保険について，損保各社は入念に研究を進めており，自動運転技術の社会実装とともに自動運転保険が続々と登場することになりそうです。たとえば，あいおいニッセイ同和損害保険は，自動運転システムで走行中の運転分保険料を無料とする国内初の自動車保険を開発し，2020 年 10 月から提供を開始する予定とのことです。

13-5 ビッグデータビジネスとプライバシー

IT 大手企業には大量の個人情報が日々集まります。それらのデータを AI で分析することで，情報の価値は上がり，よりビジネスに活用することができるものになっていきます。この繰り返しが米中の IT 大手 GAFA，BAT といった企業をますます強くして行きます。

ここでは集めたデータを適切に扱わなかったために起きた 2 社の問題について解説し，企業が守るべき個人データのプライバシーについて考えていきます。

世界の IT 大手（検索，E コマース，SNS などのプラットフォームサービスにより集積する個人情報をビッグデータとして活用することが特徴です）
GAFA：Google，Apple，Facebook，Amazon
BAT：Baidu，Alibaba Group，Tencent

● Facebook のケンブリッジ・アナリティカ問題

2015 年，Facebook で利用できる心理テストのアプリをダウンロードした約 30 万人とその友人 8700 万人の個人情報が，英国の調査会社 Cambridge Analytica に不当に渡った問題です。個人情報の内容は政治信条や学歴，利用する Web サイトなど多岐にわたり，2016 年の米大統領選挙でトランプ陣営が利用し，選挙結果に影響を与えたのではないかとされる事件です。

アプリをダウンロードしていないユーザーの情報までなぜ取得できたのかというと，当時の Facebook のデータポリシーでは，ダウンロードしたユーザーだけでなくフレンドリストに掲載された人のデータにもアクセスが許されたからです。

Facebook はそれ以前も個人情報管理や投稿内容チェックのずさんさが何度も批判されており，この事件後ザッカーバーグ CEO は米国上・下院議会の公聴会で釈明謝罪を強いられ，50 億ドルの制裁金を課されました。

◉ リクナビ「内定辞退率予測データ」販売問題

就職活動サポートサイト「リクナビ」を運営するリクルートキャリアが企業向けに「リクナビ DMP フォロー」というサービスを有料で提供していた問題。2018 年度に対象企業に応募した学生のリクナビ上の行動履歴と、同じ学生の 2019 年度の行動履歴を照合し、AI を利用することで内定辞退率を予測していました。つまり「内定を得た学生がその後どの企業サイトを見ているかで、就職活動を継続しているかどうかを予測し、内定辞退の確率まで判定した」ということです。

学生の極めて重要な個人情報を、十分な同意を得ないまま販売し、そのデータを日本を代表する大企業 38 社が購入していたことがわかり、売った側も買った側も厳しい批判を受けました。

◆ 企業や個人の許可なく集めた情報を売る商売は是か非か？

上記の 2 つの事件に共通するのは、ネット上で私たちが日々情報を検索したり、SNS を更新したりするすべての行動を IT 大手企業は収集することができ、大切なプライバシー（個人情報）をビジネスに変えているという事実です。

「是か非か」を問うときに重要なのは匿名性でしょう。個人を特定できなくして、たとえば「この年代でこの趣味をもつならこの種類の靴を好んで履く比率が高い」、などという情報を企業に販売するのなら、特に問題はありません。しかしこの 2 社は特定の個人の性向や行動を、それを知りたがっている人（企業）に販売したのですから、社会倫理的に不適切なだけでなく、個人情報保護法にも抵触します。

◆ 個人データ保護規制の強化

GAFA を筆頭に、データを独占しそうな企業に対する風当たりが強まっています。GAFA が過度な節税を繰り返したり、可能性を秘めたスタートアップ企業をライバルに育つ前に買収して傘下に収めたりしている現状への懸念から、肥大化する IT 企業に対する制裁や規制が進んでいます。特に EU が 2018 年 5 月に

施行した GDPR（一般データ保護規制）は内容として非常に厳しいものです。

　一方，日本もその後追随する形で保護規制を決めました。2020 年 3 月に政府は「個人情報保護法改正案」を閣議決定し，国会審議に入りました。リクナビ問題を契機に企業の個人データ分析に関する申請も盛り込まれました。

　肝心の中身ですが，「個人情報の適正かつ効果的な活用は，新たな産業の創出ならびに活力ある経済社会および豊かな国民生活の実現に資する」旨を述べています。つまり，産業の発展のために個人情報の流通・活用を促しているのです。

　しかし，ここで問題となるのが「同意の取り方と利用範囲」です。小さな字が並ぶ「個人情報保護方針（プライバシーポリシー）」を読んで「同意する」にチェックマークをつける人がごくわずかだということを承知の上で，このような方針を打ち出している政府の姿勢に疑問を感じます。利用範囲を抽象的に記して拡大解釈を許すという手法には，倫理的な問題があると思います。個人情報保護法の適用範囲を狭めることにつながるからです。

　以下，GDPR と日本，米国カリフォルニア州の個人データ保護法制の特徴や違いがわかる表を掲載しますので確認して下さい。

表 13-1　**日米欧の主な個人データ保護法制**[＊4]

	日米欧の主な個人データ保護法制		
	日本	米国	EU
名　称	個人情報保護法〈改正骨子ベース〉	カリフォルニア州消費者プライバシー法（CCPA）	一般データ保護規則（GDPR）
施行時期	2020 年 3 月閣議決定 22 年春ごろまでに施行	2020 年 1 月	2018 年 5 月
要点	転売の禁止 削除要請に応じる義務	データ内容の開示義務	データ取得に合意必要
	「使わせない権利」	データ削除の要求可能	「忘れられる権利」
	どんな目的・手法で使うかを明示	売却の停止	
制裁金	法人の最高額 1 億円	1 件につき最大 2500 ドル 故意の場合は 7500 ドル	最大で 2000 万ユーロまたは売上高の 4 ％相当どちらか多い方

＊4　個人情報保護委員会の Web サイト［https://www.ppc.go.jp/］（2020 年 8 月現在）をもとに作成

13-6 AI が生む芸術作品に著作権はあるのか？

　図13-2は，米Microsoft，オランダのデルフト工科大学などの共同チームが
開発した人工知能による，17世紀のオランダ画家レンブラントの「新作」です。
レンブラントの全作品を3Dスキャンし，高解像度化した画像データを分析，
ディープラーニング（深層学習：DL）を用いて絵画の主題や構図，服装の特徴，
性別・年齢などを学習，1年半ほどでこの作品を仕上げました。写真を見る限り，
レンブラントの作品だといわれても「ああそうなんだ」と思ってしまうでき栄え
です。

図13-2 AIが描いたレンブラントの「新作」[*5]

　さて，この絵の著作権は誰がもつことになるのでしょうか。絵画以外でも音楽，
小説，俳句，漫画など多くの分野で作家がAIを補助的に使ったり，AI自身が
創造的な作品を生むようになっています。AIを活用して作成された著作物の著
作権や特許権はあるのか，という議論が巻き起こっているのです。

◆AIを活用して作成された著作物の権利は保護されるか

　AIを活用して作成された著作物は，「AIを道具として利用して創作された著
作物」と「AI自身が創作した著作物」に大別されます。

[*5]　©Robin van Lonkhuijsen/ANP/AFP at Galerie Looiersgracht60 in Amsterdam,
on April 5, 2016.

◉ AI を道具として利用して創作された著作物

　AI 利用者に創作意図があり，最終的な作品を得るための創作的寄与があれば（つまり何をつくりたいかがはっきりして，何のためにどう AI を使ったのかが明らかであれば），AI は作品を生み出す単なる道具だったと推定され，その作品は作者に著作権が認められます。

◉ AI 自身が自律的に創作した著作物

　AI 利用者が，具体的な関与が認められないレベルの指示しかしていない場合は，AI が自律的に生成した創作物と見なされ，著作権法上は著作物と認められません。

　前述の『レンブラントの「新作」』にあてはめると，「製作者は AI にはレンブラントに似た絵を描け」と単純な指示をしただけで，具体的にレンブラントの技法や癖を学んで絵に表現したのは AI ですから，現法制の下では著作物とは認められない，ということになります。

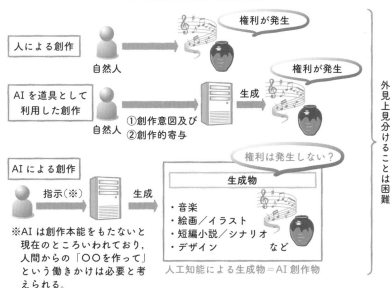

【AI 創作物と現行の知財制度】

図 13-3 AI 創作物と現行知財制度[*6]

＊6　知的財産戦略本部『次世代知財システム検討委員会報告書〜デジタル・ネットワーク化に対応する次世代知財システム構築に向けて〜』（2016 年 4 月）p.23 をもとに作成

しかしここで考えねばならないのは，逆にレンブラントの子孫から「著作権の侵害だ」と訴えられたらどうなるのか？　という点です。レンブラントでピンとこなければ，Perfume ではどうでしょう。Perfume の音楽を大量に AI に聞かせ，似た曲を大量につくったとして，その曲に著作権がなければ Perfume らしい楽曲を誰でも自由に無料で聴くことができることになってしまい，Perfume の楽曲ダウンロード数が減るかもしれません。これも難しい問題です。

13-7 AI の倫理規程について

SF 小説の大家アイザック・アシモフは，自意識や判断力をもつ自律型ロボットとともに暮らす時代には，ロボットが守るべき倫理規定が定められているはずだと考えました。1950 年に発表された短編集『われはロボット（原題：I, Robot）』の中に登場する有名な「ロボット工学三原則」がその規定です。次にご紹介しましょう。

第一条　ロボットは人間に危害を加えてはならない。またその危険を看過することによって，人間に危害を及ぼしてはならない。
第二条　ロボットは人間に与えられた命令に服従しなければならない。ただしその命令が第一条に反する場合はこの限りでない。
第三条　ロボットは，前掲第一条および第二条に反するおそれのないかぎり，自己を守らなければならない。
（2058 年「ロボット工学ハンドブック」第 56 版より：という設定）

70 年前に書かれたものですが，非常によくできていると感じませんか？現代でも，AI 倫理規程を定めることで，無秩序な AI の開発や利用を制御しようとする動きが広まってきました。ここでは 2 つの AI 倫理規程の概要[7]を紹介します。

----
[7]　統合イノベーション戦略推進会議決定『人間中心の AI 社会原則』（2019 年 3 月）から引用・編集

欧州委員会の AI 倫理規定（7つの要件）

- 人間が活動を監視：人間の主体性を低下・限定・誤導しない
- 堅固性と安全性：安全かつ確実，堅固なアルゴリズム
- プライバシーとデータ保護
- 透明性：追跡可能性の実現
- 多様性・被差別・公平性の確保
- 社会・環境の幸福を追求するために活用
- 説明責任：結果説明責任を確実にするメカニズムを整備

日本政府が策定した AI 倫理規程（7つの社会原則）

- 人間中心の原則：基本的人権を侵さない
- 教育・リテラシーの原則：平等な AI 教育環境を提供する
- プライバシー確保の原則
- セキュリティ確保の原則
- 公正競争確保の原則
- 公平性，説明責任および透明性の原則
- イノベーションの原則：国際性・多様性・産学官連携

Chapter
13

AIに関する様々な社会的課題

キャリア形成プランによる AI リテラシーの向上

　このチャプターでは，これまでのチャプターで学んだ AI（人工知能）の基本知識，社会活動における AI の位置づけ，AI と自身との関係性などを踏まえ，AI リテラシーを継続的に向上させて就職活動や社会人としての活動にどう生かしていけばよいのかについて説明します。

　もうおわかりだと思いますが，AI は恐れるべき敵ではなく人間が主導権を握りながら上手に使いこなすべきツール（道具）です。

　このチャプターの狙いは，AI に使われるのではなく，AI を効果的に使いこなす人材になるためにどんな準備をし，どんな力を養い，どんなスキルを身につけ，何をしていけばよいかを知っていただくことです。AI との関係で自身の役割をどのように変化させていくのか，また AI の活用においてどの程度主導的な役割を担うことができるかは，あなたのモチベーションとキャリアプランニングしだいで変わってきます。

　安定志向型の終身雇用システムが崩壊した現代社会においては，自身のキャリアプラン（転職も視野に入れた）をしっかり描いて人生を自分で切り拓いていくしかありません。そして，キャリアプランの実現に必要なキャリアの形成において今後重要なファクターとなるのが「AI リテラシーの向上」なのです。

AI 関係のキャリア形成プランをつくろう

　キャリア形成プランとは，キャリアプランの実現に不可欠なものです。このセクションでは，3つの視点から，AIとの関係を含めた自身のキャリア形成をプランニングする方法を説明します。

◆ **キャリアプランを実現する方法を具体的に記述するキャリア形成プラン**

　まず，混同されることが多いキャリア関係の3つの用語について定義しておきましょう。

◉ **キャリアプラン**

　　自分の社会人としての人生を職業・仕事という軸で設計した計画（プラン），つまり「職業を軸とする自身のロードマップ」のことです。

　　このプランには転職という選択肢を入れる余地もあります。プランは，10年後までは1，2年の単位で描き，それ以降は5年単位くらいで少なくとも20年後，30年後まで展望することをお勧めします。

◉ **キャリアパス**

　　企業の中でどのようにステップアップしていくかの道筋のことです。

　　キャリアパスの記入例としては，「○○までに主任／係長／課長／部長になるために，社内の昇格基準に定められた□□と△△という資格試験や検定試験に合格する」などがあげられます。

◉ **キャリア形成プラン：**

　　個人の「キャリアプラン」を実現するためにどのようにキャリアを形成していくかを具体的に記述した計画（プラン）のことです。

　　このプランは，AIの状況変化のスピードが速いため，とりあえず2年後くらいまでの計画を立てるのがよいでしょう。そして，1年経過する度に次の1年分の中身を見直し，さらにその次の1年分を追加していく，といった「修正・伸長型」のプランニングをしていくことをお勧めします。

表 14-1 に示すのは，就職した会社内で必要とされる人材となるために，そして場合によっては有利に転職できるように，AI に関わる力（AI リテラシー）をどのように高めたらよいかのプランをつくるためのキャリア形成用のプランニングシートです。ここでは，4 年制大学用の記入サンプルを示します。それ以外の学校の場合は，年次などを適宜カスタマイズ（自分に合うように調整）して使ってください。

表 14-1 **AI に関わる力を高めるためのプランニングシート（記入サンプル）**

	半年後 （1 年生後期）	1 年後 （2 年生前期）	1 年半後 （2 年生後期）	2 年後 （3 年生前期）	2 年半後 （3 年生後期）
身につけるべき知識・スキル	AI に関する基礎知識を身につける	ML と DL に関する基礎知識を身につける	IT 全般について知り，IT の活用方法を知る	業務プロセス革新（BPR）の知識を得る	DL の活用に関する知識を深める
そのためにすべきこと	AI の入門書（図解入り）を 3 冊以上読んで学習する	ML や DL の入門書を 3 冊以上読んで学習する	IT コーディネータ試験（経営系）を受験し合格する	BPR 関係の書籍を 3 冊以上読み学習する	ディープラーニング G 検定を受験する
期間目標	AI の基本的な定義と概要が説明できる	ML と DL の基本原理が説明できる	IT の活用方法がある程度詳しく説明できる	業務分析・革新について説明できる	DL の活用についてエンジニアと話ができる

表内の DL はディープラーニング（深層学習），ML は機械学習（マシンラーニング）の略称です。この記入サンプルは，情報科学系以外の大学 1 年生の 4 月時点を想定したものです。

実際には，Microsoft Word または Microsoft Excel などで空のテンプレートシートを作成して，自身のキャリア形成プランを記入してください。記入サンプルはあくまで参考程度に留め，自分のベース（学部，学科，専攻，予備知識）や将来展望（どんな職業に就きたいかなど）に適するキャリア形成プランをつくってください。

このシートのタイムスパンが半年になっているのは，3ヵ月では窮屈過ぎ，1年では「まだ大丈夫」という甘えが生じる恐れがあるからです。また，大学3年生後期までに留めているのは，どんな職業に就くかどんな会社に就職するか決めることで，その先のキャリアプランやキャリア形成プランが大きく変わってくるからです。

なお，記入サンプルには記載していませんが，大学の講義で AI, ML, DL, データサイエンスに関する講義があれば，他学部履修や聴講も含め，積極的に受講し活用することをプランに盛り込んだほうがよいでしょう。今後，この種の講義が増え，学部の枠を超えて受講できるようになることが予想されます。

◆AI に関わる力を高めるために役立つ資格とは

AI に関わる力を高めるための達成目標として立てやすいのは，情報科学系以外の学生でも取得可能で AI に関する力やスキルの向上に役立つ下記のような資格を取得することです。

- IT パスポート(国家資格)：独立行政法人 情報処理推進機構主催
- 統計検定(3・4級)，統計検定 データサイエンス基礎：
  一般財団法人 統計質保証推進協会主催
- ビジネス・プロセス革新エンジニア(BPIE)資格：
  一般社団法人 日本経営管理協会主催
- IT コーディネータ試験(「経営系」または「情報系」)：
  特定非営利活動法人 IT コーディネータ協会主催
- ディープラーニング G(ジェネラリスト)検定：
  一般社団法人 日本ディープラーニング協会主催

情報科学系の学生については，「ディープラーニング E 検定（今後開催の予定）」「Python エンジニア認定データ分析試験（今後開催の予定）」「画像処理エンジニア検定」「統計検定1・2級」「AI 実装検定」などがあります。自身の状況に応じて必要・有効と思われるものを探してください。

もちろん，資格取得だけを目標とするのではなく，たとえば「Python で簡単なプログラムが書けるようになる」といった AI 技術をより深く理解するための自己学習目標を立てるのもよいと思います。すでに開講されているところもありますが，今後数年以内に日本の多くの大学に Python でのプログラミング講座が開設されるでしょう。プログラミングの経験がまったくない人でも，ごく簡単なプログラムなら 1 週間程度で書けるようになるので，チャレンジしてみる価値は十分あります（Python の詳細については**チャプター 11** を参照）。

　このプランニングシートを書く際にもっとも大切なのは，「就職活動に有利になるキャリアを形成したい」「AI リテラシーを高めて，企業現場での AI の導入・活用に積極的に参画できるようになりたい」「データサイエンティストになりたい」といった具体的なゴールを決めて，そこに到達するためのキャリア形成プランを描くことです。

◆ キャリア形成プランは柔軟かつ大胆に変更することが必要

　名目 GDP（国内総生産）で世界第 1 位の米国と第 2 位の中国が熾烈な情報・通信技術の覇権争いを繰り広げる中，かつてのような勢いのない日本のビジネス社会に出て生き抜いていくには，変化の兆しを敏感に察知し，変化のスピードについていくことが必要です。もちろん，社会の変化に左右されないビジネススタイルや経営哲学で生き抜いている企業や個人が存在しないわけではありませんが，それは特例といえます。

　学生のキャリア形成プランは，社会・ビジネスの状況変化に迅速かつ柔軟に対応するために，半年・1 年の単位で修正・最適化を図っていくことが大事です。

14-2 データサイエンティストになることも視野に入れてみよう

12-2 で説明したとおり，データサイエンティストは米国などの大手企業で今もっとも注目されている専門職です。このセクションでは，2 つの視点から情報科学系以外の学生がデータサイエンティストになる可能性（選択肢の 1 つ）について説明します。

◆ 情報科学系以外の大学生がデータサイエンティストになることは可能か？

「データサイエンスは IT エンジニア系の仕事」と思われがちですが，実は文系出身のデータサイエンティスト（ビジネス力を強みとする）も数多く活躍しています。日本の大手企業では，すでにデータサイエンティストの争奪競争が起き始めており，採用した文系学生を AI エンジニアやデータサイエンティストに育てようという試みも始まっています。インターネットで「データサイエンティスト 求人」で検索すると，「150 万円／月」といった高収入を謳う求人広告がいくつも表示されます。

ちなみに，米 Glassdoor（ソーシャル求人情報サイト）の調査によると，2019 年まで 5 年連続で，米国すべての職業の中で年収，満足度，需要から総合的に見た第 1 位の職業は「データサイエンティスト」とのことです[1]。また，米国でもっとも権威があるとされるビジネス研究専門誌『Harvard Business Review』（2012 年 10 月号）にも，「データサイエンティスト：21 世紀のもっとも魅力的な職業」との見出しの記事が掲載されています。

情報科学系以外，特に文系の学生にとって楽な道とはいえませんが，AI に使われる側ではなく AI の開発に参画し使いこなす側に回るという意味でも，データサイエンティストになることを視野に入れてみるのもよいかもしれません。

◆ 情報科学系以外の学生がデータサイエンティストになる方法は？

現在はまだデータサイエンティスト自体の認定資格はないので，データサイエンティストになる方法はいくつか考えられます。

---

*1　LinkedIn が 2019 年 1 月に公表した報告書から引用

キャリア形成プランによる AI リテラシーの向上

❶ データサイエンス学部／学科やデータサイエンス専門コースに入り直す

　一番確実な方法は，データサイエンス学部／学科やデータサイエンスの専門コースに入り直して一からデータサイエンスについて学ぶことです。

　　※こういう学部／学科や専門コースがある大学はまだそれほど多くないので，自分の学校の情報科学系の学科／コースに移籍してデータサイエンスに関連する科目を計画的に受講するほうがよいかもしれません。

❷ 今の環境のままでデータサイエンティストを目指す

　情報科学系以外の学生がそのままの環境でデータサイエンティストを目指す場合は，まずデータサイエンス関係の入門書を数冊読んで基礎知識をしっかり身につける必要があります。その際に大事なことは，解説・説明に登場する重要な用語の意味をその都度ネットで調べて概要を理解しては読み進むことと，説明がわかりにくい部分についてはネットのわかりやすい解説を見つけて大筋を把握すること。それを前提知識として，以下に示すような講義や講座を受講したり，関連資格を取得したりするのがよいと考えられます。

- 大学内外で受講可能な「データサイエンス・AI・統計学・プログラミング（特に Python）関係の講義」（自身の大学または単位が共通化されている他大学の講義）を自分のレベルに合わせて計画的に受講する
- 「社会人のためのデータサイエンス入門」（総務省統計局が提供しているデータサイエンス・オンライン講座：無料）を受講する
- 「Foundations of Data Science: Computational Thinking with Python」（カリフォルニア大学バークレー校：University of California, Berkeley がオンラインで無償提供（受講証明をもらうには 99 ドル必要）しているデータサイエンス基礎コース（週 4 ～ 6 時間の学習で 5 週間））を受講する
- 「統計検定 データサイエンス基礎」（一般財団法人 統計質保証推進協会主催）資格を取得する
- 「統計検定（3・4 級）」（一般財団法人 統計質保証推進協会主催）資格を取得する

- 「IT コーディネータ試験 (経営系)」(特定非営利活動法人 IT コーディネータ協会主催) に合格する
- 「IT パスポート (国家資格)」(独立行政法人 情報処理推進機構主催) を取得する

❸ ❶または❷に取り組んだあと「データサイエンスについて学べる大学院 (修士課程)」に進学して本格的にデータサイエンスを学ぶ (❶または❷だけで企業にデータサイエンティスト候補として就職することも可能)

　　※たとえば，筑波大学大学院経営システム科学専攻では，「イノベーション創出型データサイエンティスト育成教育プログラム」を提供しています。

14-3 AI 関係のキャリア形成プランを実践し，就職活動や仕事に活かそう

　学生の就職活動では，ここ数年は売り手市場が続き学生の間に楽観論が広がっていました。ところが，2020 年に入り，新型コロナウイルス感染症の影響で，就活環境が激変し，今後の数年間は厳しい状況が続くことが予想されます。このセクションでは，AI 関係のキャリア形成を活かす方法について説明します。

◈ AI 関係のキャリア形成プランを就職活動に活かすには

　昨年あたりから，大手企業の人事・教育担当者から「AI 人材をどうやって採用したらよいか」「社員の AI リテラシーを高める教育をどのように実施すればよいか」といった声がよく聞かれるようになりました。しかし，学生のほとんどは，「AI リテラシー」という言葉さえ知らないのが現状です。これを逆の視点で見れば，AI リテラシーを継続的に向上させる取り組みをしていることをアピールすれば，就職活動で大きなアドバンテージが得られることになります。

◉ インターンシップで AI 関係のキャリア形成についてアピールする

　就職支援会社や新聞社などの調査によると，大企業・中小企業を問わず，優秀な学生を自社に誘引する場としてインターンシップを利用している会社が大半のようです。その一方で，インターンシップを通じて個々の学生の性格や能力

キャリア形成プランによる
AI リテラシーの向上

をできるだけ正確に把握して採用に活かそうとする会社も少なくありません。

「仕事への熱意」「コミュニケーション能力」「創造性」「誠実性」など重要な評価項目はいくつかありますが，最近は「IT 特に AI に関わるリテラシー」を加える企業が増えているようです。数年前までは理工系学生用の評価項目でしたが，文系学生の評価項目にこれを加える会社も増えてきています。

前置きが長くなりましたが，インターンシップでは AI 関係のキャリア形成について次に示すような形でアピールするのがよいでしょう。

- インターンシップ用のエントリーシートに，AI 関係のキャリア形成のために取り組んでいることを記載する
- 研修先で AI の導入や活用の状況について積極的に質問する
- 可能であれば，AI の導入・活用現場を見学させてもらう
  ※ほかのアピール要素とのバランスをとることも大切です。

◉ 就職活動本番で AI 関係のキャリア形成についてアピールする

就職活動の本番では，AI 関係のキャリア形成について次に示す形でアピールするのがよいでしょう。

- エントリーシートに，AI 関係のキャリア形成のために取り組んでいることを記載する（入社してからの取り組みについても書くとよい）
- 会社説明会で，AI の導入や活用の状況について質問する
- 面接時に，入社したあと AI の導入・活用にどのように関わっていきたいかについて自身の考えを述べる
  ※ほかのアピール要素とのバランスをとることも大切です。

インターンシップや就職活動本番で AI リテラシー向上の取り組みをアピールした場合は，入社後の配属先に影響する可能性があります。AI 系の専門職に就くつもりがない場合は，その旨をきちんと表明しておきましょう。

◆ AI 関係のキャリア形成プランを今後の仕事に活かすには

　時間と労力をかけて取り組んだ成果を就職活動だけに使って終わりにするのは，本末転倒です。たとえば，大学 1 年生の 4 月の時点で 3 年生後期までの計画を「AI に関わる力を高めるためのプランニングシート」（表 14-1 を参照）に記載したとすると，半年ごとに表の右側に列を追加していく必要があります。3 年生後期から本格化する就職活動では，社会人になってからのキャリア形成プランについて説明する機会が生じる可能性があるからです。

　AI 関係のキャリア形成プランを今後の仕事に活かすには，次の 4 つを実行するのがよいでしょう。

- AI リテラシーを高めるために行ってきた取り組みや習得した知識・スキルを，入社前・入社後に採用担当者や教育・研修担当者に積極的に伝えていく
- 配属先の上司との面談時に，上記の取り組みをしっかり伝え，「AI の導入・活用に積極的に関わっていきたい」と表明する
- 社内で AI の導入や活用を推進しているセクションとのコミュニケーションを図る（配属先の上司や先輩などを介して伝手を探すのがよい）
- 会社が階層別に用意している選択型研修から AI リテラシーの向上に役立つコースを選んで受講する（受講自体が社内でのキャリアアップになる）

14-4 AI リテラシーを磨き続け，AI に負けない思考力・発想力を養おう

　この最終セクションでは，これまで 2 回のブームとは違う大波を予感させる第 3 次 AI ブームの中で就職し，劇変の時代を生き抜かなければならない学生が AI に負けない思考力・発想力を養うためにすべきことを説明します。

◆ 適切な情報を入手するために「情報メディアリテラシー」を鍛える

　「情報メディアリテラシー」とは，「情報リテラシー」や「メディアリテラシー」という言葉が人によって様々に解釈されることで誤解が生じないように，筆者(浅

岡）がつくった言葉です。本書では，情報メディアリテラシーを次のように定義します。

情報メディアリテラシーとは
社会に溢れる種々雑多な情報ソースから
信頼性があり自分にとって価値のある情報を
見つけ出して活用する能力

　科学的な根拠のない情報やフェイク（嘘や偽の）情報が堂々と流される「倫理なき情報社会」の中で生きていくには，この力が不可欠なのです。

　ここでいう情報メディアは，マスメディア（新聞やTVなど）に限定されません。行政機関，公的な研究機関，大学，企業のWebサイト，ネット上の情報サイトなども重要な情報メディアになります。ただし，情報メディアによって情報の信頼性が大きく異なるので，注意が必要です。また，信頼性が高いメディアだからといってすべての情報を信用するのは危険です。新聞やTV，政府系の機関からも，偏った情報や不正確な情報が数多く発信されているからです。

　現在の日本社会においては，個々人が情報の真偽と有用／無用を主体的に判断するしかなく，そのために情報メディアリテラシーを鍛える必要があります。

　参考までに，ある程度客観性のあるAI関連の情報が入手できる主要なメディアを列記しておきます。

- 経済新聞（日本経済新聞，日経産業新聞，日経電子版など）
- 一般新聞（読売新聞，朝日新聞，毎日新聞，各紙の電子版など）
- 総務省，経済産業省，文部科学省などのWebサイト（AI倫理・戦略など）
- 経済団体連合会（経団連）のWebサイト（AI倫理・戦略など）
- AI関連のニュースサイト
  ※広告宣伝を目的とするサイトも多いので，注意が必要
- 一般社団法人 人工知能学会のWebサイト

◆ 物事を適切に判断するための独自の価値観を形成・醸成する

　情報メディアリテラシーのもっとも重要な役割は，情報の真偽と有用／無用を判断することです。世の中に溢れる多種多様・種々雑多な情報の真偽や有用／無用を判断する客観的な基準など存在しません。そういう状況の中で判断の拠り所とせざるを得ないのが，個人の「価値観（価値基準）」です。東京大学大学院総合文化研究科教授の宇佐美洋は「「評価価値観」はいかに定義され，いかに構造化され得るか」の中で「価値観」を次のように定義しています[*2]。

> ### 価値観とは
> 個人または社会集団が，
> ある程度安定して保有している信念の有機的・動的な体系であり，
> 客体について，どういう状態や結果が望ましいかを判定するにあたり，
> 意識的に根拠として用いられたり，
> あるいは無意識に影響を与えたりするもの

　個人の価値観（価値基準）は自身と外界（家庭，地域，職場，社会，国家，世界）との関係性が構築されていく過程で徐々に形成されていきます（乳幼児が家族や周辺の身近な人たちと接する中で少しずつ自分なりの判断基準を身につけていく過程を想像してみてください）。

　学生のうちに物事を適切に判断するための独自の価値観をしっかり醸成しておけば，様々な情報メディアから有用な情報を選択的に収集して活用するための判断基準を確立することができます。

　では，自分なりの価値観を形成・醸成するには，どうしたらよいのでしょうか？それには，他人やメディアの多数意見や強烈な主張などに流されず，何事も自分自身で主体的に判断し，良くも悪くも自身で責任を負うという習慣を身につける必要があります。まず「TVで報道されていたから」「○○に書いてあったから」「あの△△さんが言っているから」といった考え方を見直すことから始めましょう。

　ここまでの話の流れから，次のことがいえるでしょう。

Chapter
14

キャリア形成プランによる
AIリテラシーの向上

＊2　宇佐美洋 「「評価価値観」はいかに定義され，いかに構造化され得るか」『日本言語文化研究会論集 第12号』政策研究大学院大学（2016年10月）p.6 から引用

> AIリテラシーを高めるポイントは，
> 自身の価値基準に照らして情報を吟味する習慣を身につけ，
> 必要が生じれば価値基準を柔軟に調整していくことにある。

◆AI時代を生き抜くための鍵は「独自性」

　米国流の競争を重視する企業では，地道に努力していても積極的に自己アピールできない人たちが隅に追いやられるようになってきました。「独創的なアイデアを考えどんどん発表しよう」「アピールできない人はいないのと同じ」といったフレーズが声高にいわれていますが，それでは改良・発展型の技術と信頼性を拠り所として着実に成長してきた日本企業の組織力が低下してしまいます。

　このような状況から抜け出す鍵となるのが，「独自性」です。この力は，狭い島国で「前に倣え，右に倣え」と教えられてきた日本人が身につけるのは難しいという人が多いようですが，そういった意見は的を射ているとはいえません。ビジネスの世界では，「独自性」は凡人にはない特殊な能力を指すわけではなく，様々な事例を参考（ヒント）にすることで元とは違うオリジナリティをもつアイデアや事業プランが日々創出され続けているからです。もし，このやり方を否定するとすれば，レオナルド・ダ・ヴィンチが描いた人力飛行機は鳥の翼をヒントにしたものなので，「独自性」がないことになってしまいます（実際には飛行に成功してはいませんが……）。

　独自性のあるアイデアや事業プランを生み出すヒントは，自然の現象でも社会的な現象でも構いませんし，ほかの業界で開発された製品やサービスであっても構いません。ただし，「ただ真似る」のと「ヒントにする」のは根本的に違います。たとえば，マクドナルドと同じようにハンバーガーをメイン商品とするモスバーガーは「ただ真似る」と「ヒントにする」のどちらでしょうか？　1年後発のモスバーガーは高価格・高品質路線を打ち出して，マクドナルドとは異なる客層に訴求することで収益構造を確立しました。つまり，早発の事業者と競合しない独自路線を歩むことで事業を成功させたのです。一方，フライドチキンの世界では，

ケンタッキー・フライド・チキンを真似たビジネスモデルで何社かが新規参入を図りましたが，いずれも失敗しました。ただし，日本式（？）の「唐揚げ専門店」は多数あり，それなりに繁盛しているようです。

◆ 周りと違う視点で物事を考え新たな価値を生み出す力を養う

　周りの人たちと違う視点で物事を考えることで新たな価値を生み出す力を養うには，どうしたらよいのでしょうか？

　まず，日常生活全般において様々な問題意識をもち，各種の情報メディアから有益な情報をキャッチできるようにしておくことが必要です。テレビのビジネスニュースは，アイデア創出のヒントをたくさん提供してくれます（ここでいうアイデアは新たな事業プランや社会の課題や問題を解決する方策のことです）。また，大学の図書館には閲覧できる新聞や専門誌が多数あり，各種の有料データベースに自由にアクセスできるようになっています。

　感じている課題と関連するネタを見つけたら，情報ソースと共に「ネタ帳」（スマホの「メモ帳」でも構いません）にメモしておきましょう。しばらくしてからネタ帳を見直して「これはものになるかも」と感じるネタがあったら，どうやったら事業プランや課題解決策に仕上げられるかを考えてください（表 14-2 のサンプルが参考になります）。これを半年，1 年と続けていけば，「独自性」が着実に養われていきます。

表 14-2　課題の解決につながりそうな事業プランや解決策の例

感じている問題・課題	思いつく事業プランや課題の解決策
入学試験の記述式問題をアルバイトが採点するのは変ではないか？	AI をうまく使って，相互に連繋する高度な選択式の試験をつくって各種の能力を測定できないか ⇐「過去問から模試を自動で作成する AI を開発」「AI を使って人間の能力を数値化するサービスを開発」といったニュースから
DL のブラックボックス化が問題になっている	特徴・特徴量の抽出ルールを説明する仕組みが開発できないか（別の処理追跡・説明専用の AI を開発して連動させるなど）⇐ DL の隠れ層での処理をホワイトボックス化する研究が進んでいる」とのニュースから

キャリア形成プランによる AI リテラシーの向上

本書を最後までお読みいただきありがとうございます。読者のみなさんが，周りとは違う視点で物事を考える習慣を身につけ，「AI リテラシー」を高め，「独自性」を養い磨くことで，激動の AI 時代を，ゆとりをもって生き抜いていけるようになることを願っています。

付録　AI 関連用語解説集

A

AI（Artificial Intelligence）　Pl, 16, 27, 39, 51, 59, 75, 90, 106, 116, 133, 145, 159, 172

人工知能。人間の脳の働きの一部を模すことから始まり，人間に追いつき追い越そうと変容・発展を続ける高度な情報処理の仕組み，あるいはその仕組みをコンピューター上で動くシステムに落とし込んだもの。AI により，以前は人間にしかできなかった高度で知的な作業や判断ができるようになってきた。

AI エンジン

推論，予測，画像認識，自然言語などの機能を機械学習やディープラーニングなどを用いて実現・提供するソフトウエアのこと。

AI システム　Pll, 46, 54, 70, 106, 120

AI ソフトウエアが構成要素として含まれるシステムのこと。AI ソフトウエアを実装したロボットやクラウドシステムもこれに含まれる。

AI スピーカー　PIO

「スマートスピーカー」の項を参照。

AI 戦略 2019　P6, 146

2019 年 6 月に政府が公表した AI に関する国家戦略。2018 年 6 月に閣議決定された「統合イノベーション戦略」に基づいて「統合イノベーション戦略推進会議」が策定した。「Ⅰ.基本的考え方」「Ⅱ.未来への基盤作り」「Ⅲ.産業・社会の基盤作り」「Ⅳ.倫理」「Ⅴ.その他」からなる。Ⅱには，全大学生・高専生への AI リテラシー教育の実施などを含む教育改革の内容が示されている。

AI ソフトウエア

AI 手法を用いて従来よりも高度な課題を解決することができるソフトウエアのこと。

AI ソリューション

AI を活用して企業が抱える業務上の問題点や課題を解決するための方策あるいは問題解決用の AI ソフトウエアを指す。

AI ツール

AI ソフトウエアや AI プログラムの開発支援ツールを指す言葉。

AI ブーム　P22

AIの研究・開発が盛んに行われた時期のこと。AIブームはこれまでに第1次・第2次・第3次の3回起こっている。第3次AIブームは現在進行中。

AI プラットフォーマー

企業・団体・個人がAIを活用するビジネスや情報配信・受信を行う基盤（プラットフォーム）として利用できるAI関連のアプリケーション，サービス，システムなどを総合的に提供する事業者を指す。

AI フレームワーク

AIシステムの開発に必要な各種の機能を組み合わせたソフトウエア群（AI開発用の枠組み）を指す。機械学習やディープラーニングの開発では，開発者がフレームワークにモデル定義や学習データを入力することで，システムを完成させて機能させることもできる。

AI プログラム　P125

AI手法を用いて高度な機能を提供するプログラムのこと。

AI ベンダー

AIを利用する自前のシステムやクラウドサービスなどの提案・開発・コンサルティングを行う企業のこと。

AI リテラシー　P1, 49, 51, 116, 133, 172

「AIに関する情報や知識を収集・分析し，情報・知識やAI自体を使いこなす能力」を指す。

AI 倫理　P170, 182

AIの開発および利用に関する社会的な倫理のこと。各国政府，IT（AI）プラットフォーマー，AI関連の団体などがAIに関する倫理規定を定めている。

AI ロボット　P39, 79

狭義では，AIが脳の役割を果たす自律動作ロボットのこと。広義では，AIソフトが搭載されて自律的に機能する（サービスを提供する）機器のこと。

Alexa（アレクサ）　P32

Amazonが開発した「スマートスピーカー」。AIスピーカーとも呼ばれる。

AlphaGo（アルファ碁）　P26, 33, 98

DeepMind（現在はGoogleの子会社）が開発した囲碁対戦用のAIソフトウエア。世界最高レベルの棋士を次々に破ったことで有名。「ディープラーニング（深層学習）」の一種である「深層強化学習（Deep Q-Network）」が用いられている。

Anaconda（アナコンダ）　P133

Python 言語／ R 言語自体とその言語でよく利用される各種のライブラリをパッケージ化した無料のディストリビューション（配布）サービス。パッケージのバージョンは，パッケージ管理システム conda によって管理される。Python 言語または R 言語でのソフトウエア開発環境を容易に構築することができる。

Apache（アパッチ）　P131

Apache HTTP Server（アパッチ HTTP サーバー）の略称。Apache ソフトウエア財団が開発した Web サーバーソフトウエア。大規模な商用サイト用から個人用まで幅広く利用されている。

API（Application Programming Interface）

アプリケーション・プログラミング・インターフェース。ソフトウエアが有する機能や管理するデータなどを外部（ユーザー側）のアプリケーションプログラムから呼び出して利用するための規格や仕様を意味する。プラットフォーマー型企業の多くがユーザー企業に各種の API を提供している。

B

BAT　P24, 165

中国のプラットフォーマー３社の総称。百度（Baidu：バイドゥ），阿里巴巴集団（Alibaba Group：アリババ集団），騰訊（Tencent：テンセント）を指すが，華為技術（Huawei Technologies：ファーウェイテクノロジーズ）を加えて BATH と呼ばれることもある。

Bluetooth（ブルートゥース）

近距離の情報機器どうしが情報をやり取りするために用いられる無線通信の標準規格の１つ。コンピューターと周辺機器を無線接続したり，スマートフォンとデジタル家電でデータを送受信したりするのに用いられる。IoT を支える基幹技術の１つ。Bluetooth には，電波の強さに応じて Class 1（約 100 m），Class2（約 10 m），Class 3（約 1 m）の３つの規格がある。現在，多く用いられているのは Class 2。

BPR（Business Process Re-engineering）　P153, 174

ビジネス・プロセス・リエンジニアリング。企業などで既存の業務の構造を抜本的に見直し，業務の流れ（ビジネスプロセス）を最適化の観点から再構築すること。

C（シー）　P119

1972 年に AT&T ベル研究所で開発されたコンパイル型の汎用プログラミング言語。作成したソースコードをコンピューターが理解できる機械語に変換（コンパイル）してから実行する必要がある。コンパイルされた機械語コードがコンパクトで処理性能がよいことから，現在も広く使われている。

C++（シープラスプラス）　P119，153

1983 年に C 言語をオブジェクト指向のプログラムが書けるように拡張する形で開発されたプログラミング言語。C 言語より開発効率がよくなるように，様々な拡張機能が追加されている。C 言語と互換性があるため，併用することも可能。

Caffe（カフェ）　P130

オープンソースのディープラーニング用ライブラリであり，C++ でプログラミングされている。C++，Python，MATLAB といったプログラミング言語で利用できる。

CentOS（セントオーエス）　P131

米国の Red Hat が後援する The CentOS Project によって開発された Linux 系の無償のオペレーティングシステム（OS）。

Chainer（チェイナー）

ニューラルネットワーク，ディープラーニングの計算および学習を行うためのオープンソースソフトウエアライブラリ。日本の Preferred Networks が開発。Python でのプログラミングに利用できる。Preferred Networksは2019年12月5日，フレームワークの開発を終了してメンテナンスフェーズへ移行することを発表した。

Clova（クローバ）

LINE が開発した音声認識 AI アシスタント。音声により各種の機器を操作することが可能。ニュースを読み上げたり童話を朗読したりする機能もある。

CNN（Convolutional Neural Network）　P93，153

畳み込みニューラルネットワーク。ディープラーニングを行う代表的な計算技法（アルゴリズム）の 1 つ。中間層（隠れ層）が「畳み込み層」と「プーリング層」から構成されており，畳み込み層では画像の局所的な特徴が抽出されて多数の「特徴マップ」が作成され，プーリング層でそれぞれの「特徴マップ」が縮小されて新たな「特徴マップ」が作成される。画像の特徴を維持しながら画像の情報量を大幅に圧縮できる点が最大のメリット。

CNTK（Microsoft Computational Network Toolkit）

マイクロソフト計算ネットワークツールキット。「Microsoft Cognitive Toolkit（マイクロソフト・コグニティブ・ツールキット）」を参照。

COBOL（Common Business Oriented Language） P119

共通事務処理用言語。1959 年に事務処理用に開発されたプログラミング言語。膨大な COBOL プログラムと，それらによって処理されたデータが金融機関や通信会社などの大企業や政府機関の基幹系システムに残存し，現在も使われ続けている。COBOL が扱えるエンジニアが減り続けていることもあり，情報システム刷新の足かせとなっている。

Cortana（コルタナ）

Microsoft が開発し Windows10 から導入した音声アシスタント機能（AI アシスタント）。

CRM（Customer Relationship Management）

顧客関係性マネジメント。顧客との間に良好な関係性を築くことで企業と顧客の双方が共存共栄できるようにするマーケティング手法。米国で開発されたものだが，原点は富山の薬売りの先用後利にあるとされている。「顧客情報管理システム」の意味で使われることもある。

Cython（サイソン） P131

Python プログラムの簡便性を残しつつ処理速度を上げることを目的として開発されたプログラミング言語。言語仕様は Python とほぼ同じだが，ソースコードを C 言語のプログラムに変換し，コンパイルしてから実行することで処理速度を向上させている。C の関数を直接呼び出したり，C 言語の変数の型やクラスを宣言したりすることができるなどの拡張が行われている。

D

DQN（Deep Q-Network） P98

ディープ Q ネットワーク。強化学習の代表的な計算技法（アルゴリズム）である「Q 学習」とディープラーニングの「CNN（畳み込みニューラルネットワーク）」を組み合わせてつくられた深層強化学習用の計算技法（アルゴリズム）。英国の DeepMind によって開発された。

DX

「デジタルトランスフォーメーション（DX）」の項を参照。

E

ELIZA（イライザ） P26

第 1 次 AI ブームの時期に開発された人工対話システム。対話型だが，音声で対話する機能は備わっていない。現在のスマートスピーカーのもととなった技術といえる。

F

Fedora（フェドラ） P131

米国の Red Hat が支援するコミュニティ Fedora Project によって開発された Linux 系のオペレーションシステム（OS）。

G

GAFA P24，48，165

米国に本拠をおく 4 社のデジタルプラットフォーマー（Google，Amazon，Facebook，Apple）を指す（このほか，IBM と Microsoft もデジタルプラットフォーマーと位置づけられている）。

GANs（Generative Adversarial Networks） P104，153

敵対的生成ネットワーク。ディープラーニングを行う代表的な計算技法（アルゴリズム）の 1 つ。正解データを与えることなく特徴を学習する「教師なし学習」の計算技法（生成用モデル）。GANs は生成用ネットワークと識別用ネットワークから構成されており，2 つのネットワークが相反する目的のために学習することから，「敵対的」と称されている。

Google Assistant P32

クラウド型 AI を搭載した「スマートスピーカー」。AI スピーカーとも呼ばれる。

GPU（Graphics Processing Unit） P23，71，131

画像処理装置。3D グラフィックなどの画像処理を得意とするコンピューターの基幹装置の 1 つ。CPU が複雑な計算を得意とするのに対し，GPU は大量の処理を同時に実行することが得意。GPU の性能が飛躍的に発展したことが第 3 次 AI ブームを支える一因となっている。

I

IoT（Internet of Things） P11，49，52，154

モノのインターネット。様々な「モノ（機器）」がインターネットを介して接続され，情報交換することにより相互に作用し合う仕組み。

IT ベンダー　P110

企業が必要とする情報技術（IT）に関連する機器，ソフトウェア，システム，サービスなどを提供・販売する事業者を指す。

J

Java（ジャバ）　P119

JVM（Java プログラムを実行するために開発されたソフトウエア）上で稼働するプログラミング言語。実行速度は C よりやや遅い。

JavaScript（ジャバスクリプト）　P119, 153

Web サイトや Web 用アプリなどを開発する際によく利用される言語で，AI ソフトの開発にも使われている。

Julia（ジュリア）　P120, 153

科学技術計算，統計，機械学習などの分野で力を発揮するプログラミング言語。最大の特長は，Python や R などと比べて実行速度が速いこと。オープンソースの公開が2012 年であるため，提供されているライブラリが多くないことが弱点。

K

Keras（ケラス）　P122, 153

迅速な実験を可能にすることに重点をおいて開発された Python 用のライブラリで，ドキュメント（文書のデータやファイル）が日本語化されている。ニューラルネットワークやディープラーニングのシステム開発に対応。現在は，TensorFlow に統合されている。

KGI（Key Goal Indicator）

重要目標達成指標。企業などにおいて個人やセクションが達成すべき成果を定量的に評価するための指標。たとえば契約解除の減少を目的とした AI システムであれば，解除件数の減少率などの指標が使われる。

KPI（Key Performance Indicator）

重要業績評価指標。企業などにおいて個人やセクションの業績を定量的に評価するための指標。AI システムにおいてモデルの精度を評価する KPI には，「適合率」や「再現率」などが使われる。

k 平均法（k-means 法） P66, 77, 139

クラスターの重心（座標の平均値）を計算し，与えられた k 個のクラスターに分類することから名づけられた非階層型クラスタリングの計算技法（アルゴリズム）。

L

LiDAR（ライダー）

レーザー光を照射し対象物に当たって跳ね返ってくるまでの時間を計測し，対象物までの距離や方向を測定するためのセンサー。光センサーの一種で，自動運転技術を支える重要な役割を担っている。

Linux（リナックス） P131

リーナス・トーバルズによって開発されたオペレーティングシステム（OS）で，主にサーバー用として使われている。元々は Linux カーネル（階層型に設計されたオペレーティングシステムの中核をなす部分）を指す言葉だったが，そのカーネルを中核とした OS を指すことが多くなった。

LR range test（LR レンジテスト） P97

機械学習（ニューラルネットワーク）において初期学習率を決める手段として用いられることが多い技法。最初に極小の学習率を設定して学習を開始し，徐々に値を大きくしながら損失（Loss）を観察することで，最適に近い値を判別する。

LSTM（Long Short-Term Memory） P103, 153

長期・短期記憶。ディープラーニングを行う代表的な計算技法（アルゴリズム）の 1 つ。長期の時系列データを学習することができる計算技法（認識・生成用モデル）。短期記憶を長期に渡って活用することが可能。以前の情報を上手に扱うことに特化した処理層を提供する。

Lua（ルア）

「C 言語」のホストプログラムに組み込むことを目的に設計された言語であり，動作の高速性，移植性の高さ，組み込みの容易さが特徴。機械学習のためのオープンソース計算ライブラリ「Torch（トーチ）」に対応している。

M

MATLAB（マトラボ） P120

米国の MathWorks が開発・提供しているプログラミング言語で，数値計算を得意とする。Python，C++，Java などとのインターフェース機能を有している。

Matplotlib（マット・プロット・リブ） 125，141

Python およびその科学計算用ライブラリ NumPy のためのグラフ描画ライブラリ。オブジェクト指向の API が提供され，様々なタイプのグラフを描画することができる。

Microsoft Cognitive Toolkit（マイクロソフト・コグニティブ・ツールキット）

Microsoft が開発した豊富なモデルを収載するディープラーニング（深層学習）用のライブラリ。深層強化学習にも対応している。「CNTK（Microsoft Computational Network Toolkit）」を大幅に改良し改称された。対応言語は C++，Python，BrainScript。複数の「GPU（Graphics Processing Unit：画像処理装置）」，複数のマシンで大量のデータセットを用いてニューラルネットワークの計算を行う場合に高い性能を発揮するのが特長。

MXNet（エム・エックス・ネット）

Apache 財団が開発・提供しているライブラリで，処理速度が速く柔軟性があるのが特長。対応している言語は Python，R，Julia，JavaScript，C++ ほか。AWS（アマゾン ウェブ サービス）との相性がよい。

P

PAI（Partnership on AI）

米国に本拠をおき AI の利用に関する研究情報を共有する非営利団体。電子フロンティア財団（EFF）や国連児童基金（UNICEF）といった非営利団体や Microsoft，Google，IBM，Intel，eBay，ソニー，Salesforce.com，Apple などの営利企業が加盟。AI に関する倫理規定を発表している。

Pandas（パンダス） P125，139

Python においてデータ解析を支援する機能を提供するライブラリ。Excel などの表データを扱うときに便利である。BSD ライセンスで公開されており，誰でも無料で利用することができる。

PCA（Principal Component Analysis） P73

「主成分分析（PCA）」の項を参照。

PoC（Proof of Concept）

概念実証。新しい概念，理論，アイデアなどの妥当性を確かめるための検証を意味する。AI システムの開発においては，「実証実験」のこと。

Python（パイソン）　P51，117，133，153，175

AI システムの開発にもっともよく使われているプログラミング言語。文法がシンプルで，入門者にとってコーディングしやすく意味がわかりやすい。数値計算，画像処理，音声処理，動画処理，自然言語処理，データベースなど数多くのライブラリが提供されている。

PyTorch（パイトーチ）　P130

2016 年後半に開発された Python 向けのオープンソース機械学習・ディープラーニング（深層学習）用ライブラリ。「Torch（トーチ）」と呼ばれる機械学習用ライブラリをベースにつくられた。

Q

Q 学習　P69，77，98

機械学習の「強化学習」で用いられる計算技法（アルゴリズム）の 1 つ。実行する行動の有効性を表す Q 値（一連の行動の中でその選択がどのくらいよいのかの基準となる値）を用い，一連の行動（エピソード）の結果に応じてその値を更新するのが特徴。

R

R（アール）　P120，153

データ分析（統計解析）に特化したプログラミング言語。統計系のライブラリが豊富にあり，データのグラフ化や図解化の機能が多い。計算や分析結果を可視化できるため，分析結果を踏まえて試行錯誤を繰り返しながら最適化を図る探索的なデータ分析に適している。

ReLU（レルー）　P88

活性化関数の一種。形式（人工）ニューロンの考え方である「入力値によって 0 か 1 を返す」ことを実現するベーシックな関数であるシグモイド関数（連続かつ微分可能）の欠点である計算時間を克服するために開発された関数であり，「入力値が 0 未満の場合は 0 を，1 以上の場合は 1 を，その間に関しては連続値を返す」というもの。

RHEL（レル） P131

米国の Red Hat によって開発・販売されている Linux 系のオペレーティングシステム（OS）。

RNN（Recurrent Neural Network） P102, 153

再帰型ニューラルネットワーク。ディープラーニングを行う代表的な計算技法（アルゴリズム）の1つ。可変長の時系列データ（文章,音声,動画など）を扱うのに適している。時系列の可変長データを扱うために，隠れ層の値を再び隠れ層に入力するというネットワーク構造になっている。長時間前のデータを利用しようとすると，誤差が消滅したり演算量が爆発的に増えたりするという問題がある。

RPA（Robotic Process Automation） P45, 52

ロボティック・プロセス・オートメーション。オフィス内でのデスクワークの一部を,ルールエンジン（人間が設定したルールに従って問題を解決するプログラム）や AI などの技術を備えた「ソフトウエア型ロボット」に代替・代行（自動化）させることを意味する。このソフトウエア型ロボットを「デジタルレイバー（仮想知的労働者）」などと呼ぶこともある。

Ruby（ルビー） P127

島根県の (株) ネットワーク応用通信研究所のまつもとゆきひろが開発し海外でも利用されているプログラミング言語（日本人が開発したものでは唯一）。AI 開発にも使われているが，利用できるライブラリの数が少ないなどの問題点もある。

S

SARSA（State Action Reward State Action） P69, 77

機械学習の強化学習で用いられる代表的な計算技法（アルゴリズム）で，「状態」⇒「アクション」⇒「報酬」⇒「状態」⇒「アクション」というプロセスで次のアクションを導き出すのが特徴。

scikit-learn（サイキットラーン） P130, 142, 153

Python 用の代表的なオープンソース機械学習ライブラリ。Cython, C, C++ にも対応。機械学習全般の計算技法（アルゴリズム）が実装されており，「アルゴリズム・チート・シート（早見表）」を参照することで機械学習にどの計算技法を使ったらよいか容易に判断できる。

SDGs（Sustainable Development Goals）

持続的な開発目標。持続可能な開発のための 17 のグローバル目標と 169 のターゲットから構成される国連の開発目標。2030 年に向けた具体的行動指針である。AI 関連の企業の中にも，経営目標の 1 つとして掲げるところが多い。

SGD（Stochastic Gradient Descent）

「確率的勾配降下法（Stochastic Gradient Descent：SGD）」の項を参照。

SIer（エスアイアー）

システムインテグレーター（System Integrator）を指し，いわゆるシステム開発会社のこと。SIer は和製英語で英語圏では通用しない。

Siri（シリ）　P32

Apple の AI（スマート）スピーカー。

Society 5.0

2016 年 1 月に「第 5 期科学技術基本計画」の中で公表された近未来社会の構想。仮想空間と現実空間を高度に融合させたシステムにより経済発展と社会的課題の解決を両立する人間中心の社会（Society）を指す。狩猟社会（Society 1.0），農耕社会（Society 2.0），工業社会（Society 3.0），情報社会（Society 4.0）に続く新たな社会のイメージ。

SVM（support vector machine）　P59, 77, 131

サポート・ベクター・マシン。機械学習の「教師あり学習」に用いるパターン認識（画像や音声といった非デジタル情報をパターン化して認識すること）用の計算技法（アルゴリズム）の 1 つであり，分類や回帰に適用できる。

T

TensorFlow（テンソルフロー） P122, 153

Googleが「Google Brain」というプロジェクトで開発しているニューラルネットワークおよびディープラーニング用のライブラリ。現実の複雑な問題に対応できるようつくられており，企業現場などでの実践的なシステムの開発に役立つ。AIシステムの開発にもっともよく使われているライブラリの1つ。

Torch（トーチ）

機械学習のためのオープンソース計算ライブラリ。ニューラルネットワークによる深層学習について，様々な機能を実装している。柔軟な記述により複雑なニューラルネットワークを実装することができる。対応言語は「Lua（ルア）」。「PyTorch（パイトーチ）」の項も参照。

U

Ubuntu（ウブントゥ） P131

Linux系のオペレーティングシステム（OS）。使いやすさを重要視し，標準的なシステムツールのほかに，写真編集用のツール，オフィス業務用のソフトウエアセット，インターネットブラウザー，メッセンジャーなどがプリインストールされている。

W

Webスクレイピング

Webサイトからデータを抽出してそれらを分析可能な構造化データに変換することを意味する。インターネット上に存在する膨大なデータから機械学習などで利用できるビッグデータを収集するために不可欠なスキルである。

アジャイル型

ソフトウエア開発手法の 1 つ。仕様や設計の変更が生じることを前提とし，詳細な仕様を確定させる手間を省いて大まかな仕様だけで開発を始め，小単位で「実装⇒テスト」を繰り返しながら開発を進めていく方法。

アソシエーション分析

収集されたデータ群から何らかのパターン（たとえば購買履歴から「商品 A を買うと商品 B も同時に買う確率が高い」といった傾向）を見つけ出すための分析手法。

アルゴリズム　P56，59，75，91，131，153，171

「計算技法（アルゴリズム）」を参照。

アレクサ

「Alexa（アレクサ）」の項を参照。

遺伝的アルゴリズム　P26

生物の進化プロセスを模倣する解探索手法。1975 年にミシガン大学のジョン・ホーランドが提唱した。1990 年代から，AI の計算技法（アルゴリズム）の 1 つとして用いられるようになった。

イライザ　P26

「ELIZA（イライザ）」の項を参照。

ウォーターフォール型

上流から下流に向けて直列的に進めていくソフトウェア開発手法。ウォーターフォール（滝）から水が流れ落ちる（逆流することがない）様子と似ていることから名づけられた。1 つのフェーズが完了してから次のフェーズに移るのが特徴。

ウェブスクレイピング

「Web スクレイピング」の項を参照。

エキスパートシステム　P3，20，30，61

提供された専門分野の知識（経験知）に基づき専門家と同レベルの推論を行うためのソフトウエア（「推論エンジン」と「知識ベース」で構成）。実用化が困難であることがわかり研究が低迷したが，その後，名称や形を変えて一部実用化されている。

エッジ　P82, 97

機械学習の分野では, パーセプトロンやニューラルネットワークにおける「信号伝達路」（概念図で矢印により表現される部分）のこと。形式ニューロンにおける「軸索・シナプス」に相当する。また, IoT の分野では, ネットワークにつながった端末のことを指す。

エッジ AI

ネットワークの端（エッジ）に位置する AI デバイスの近くまたは中に AI システム用サーバーをおいてデバイスと連携させること, またはそこにおかれた AI システムを指す。クラウド上のサーバーにおかれた AI システムと対比する言葉。

エポック（epoch）

機械学習における学習回数の単位。1 エポックはすべての訓練データを 1 回学習することに相当する。

音声認識　P23

人間の音声をコンピューターに自動的に認識させる技術。人間が話す言葉は言語が様々で個人差もあるため自動認識が困難だったが, AI 技術の導入により認識精度が向上した。最近はスマート（AI）スピーカーなどにも応用されている。

オントロジー（概念体系）　P26

元々は哲学用語だが, 情報科学においては, 情報を概念化するための構造的フレームワーク（枠組み）を指す。知識表現の方法論として AI その他に活用されている。

オンプレミス型システム

自社内のコンピューター上で運営・管理されるシステムのこと。「クラウド型システム」と対置する用語。

か

回帰　P59, 77, 93

統計学において, 目的変数 y（出力項目）と説明変数 x（入力項目）を関係式（関数）で表す計算技法（アルゴリズム）。x が 1 次元ならば単回帰, x が 2 次元以上ならば重回帰という。回帰分析とは, 回帰技法を用いて分析することを意味する。

階層型クラスタリング　P69，77

対象全体を 1 つにまとめたクラスターを頂点とし，最下層に 1 つの対象のみを含むクラスターが並ぶような階層構造を形成するクラスタリング手法。類似度が高いものどうしを順にグループ化していく形で下から上に向かって階層化が行われる。この階層構造を図で表したものをデンドログラム（樹形図）と呼ぶ。

過学習　P72

機械学習において，学習回数が多過ぎたり学習（訓練）用データが汎用的なものでなかったりした場合に，学習（訓練）用データでは正解率が高いのに，実際のデータでは正解率が低くなってしまうことを指す。学習（訓練）用データだけに適合し過ぎて汎用性がなくなる現象のこと。

学習器（learner）　P72

推定値と実際の結果を比較し，パラメーター（変数）を状況の変化に応じて変更することによりモデルを調整する仕組みのこと。ニューラルネットワークの基幹技術の 1 つ。

学習モデル　P112

「モデル」の項を参照。

学習（訓練）用データ　P34，56，64，101

AI においては，機械（コンピューター）に学習させるために用意されたデータの集合（データセット）を指す。

学習率（Learning Rate）　P97

ニューラルネットワーク（ディープラーニングを含む）において，各層の重みを自動調整（バックプロパゲーション：誤差逆伝播法）する際の，重みの大きさ（度合，率）を意味する。たとえば，最初は学習率を大きくして重みの調整を実施し，しだいに学習率を小さくして重みの微調整を行うことで重みの最適化を実現することが可能になる。

確率的勾配降下法（Stochastic Gradient Descent：SGD）

連続最適化問題に対する勾配法の乱択計算技法（アルゴリズム）。確率密度関数に対して目的関数が期待値で表されるような最適化問題に対して有効。バッチ勾配降下法（最急降下法）を逐次処理ができるように改良したもの。

隠れ層　P93，185

ディープラーニング（深層学習）においては，中間層（入力層と出力層の間にある層）のことを，ユーザーからは見えない処理層という意味で「隠れ層」と呼ぶことがある。

画像認識 P3, 21, 33, 99, 131

画像（動画も含む）の中から特徴（形状，寸法，数，明暗，色など）を抽出することで対象物を認識するパターン認識技術の一種。

課題解決システム

企業現場や社会生活における課題（困り事）を解決するためのシステム（ハードウエア＋ソフトウエア）のこと。AI を活用することで，より複雑な課題を解決することができるようになってきた。

活性化関数 P88

脳の神経細胞の「発火」と「非発火」を数学的に表現するための関数。中間層と出力層の各ノードに渡された値を変換するためなどに使われる。

カプセルネットワーク（Capsule Network：CapsNet） P102

CNN をベースとし，CNN の欠点を補うためにつくられた計算技法（アルゴリズム）。ニューラルネットワークの一部を改良した手法といえる。ベクトルを用いて個々の特徴を独立的・立体的に捉えそれぞれがどのような関係にあるのかに着目することで自己学習能力を高めることが可能になる。

機械学習（マシンラーニング：ML） P21, 30, 51, 59, 75, 90, 112, 116, 133, 149, 174

コンピューター（機械）に入力された大量のデータを自ら学習することで独自の処理ルールを見つけ出すための手法。人間が処理のルールを与えなくても解を導き出せるのが最大の特長。AI の中心的な手法。

技術的特異点（シンギュラリティ） P36, 159

AI の知能が全人間の知能を超え，もはや予測不能なスピードで社会が変化し始める時点を指す言葉。2005 年に，レイモンド・カーツワイルが 2045 年までにシンギュラリティが訪れると予測したが，懐疑的な意見も多い。

キャプション

ディープラーニングにおいて，画像内の複数の物体どうしがどのような関係・状況にあるのかを説明する文（「教会の前に立っている少女」など）のこと。

キャリアプラン P172

自分が今後どのような形で仕事をしていきたいかに関する計画のこと。自己啓発を通じてどのような強みを獲得・強化し，キャリアアップに活かしていくかがキーポイントになる。

教師あり学習　P64，77，93，153

学習（訓練）用データと正解のセット（教師データ）を AI システムに与えて学習させる方法。教師あり学習では「分類」と「回帰」が行われることが多い。

教師データ　P64

「正解データ」の項を参照。

教師なし学習　P65，77，95，139，153

教師データ（学習（訓練）用データと正解のセット）を用いずに，「クラスタリング（複数のグループへの分割）」などを行う方法。人間が考えつかないような有効な分け方（ルール）を見つけてくれる可能性がある点がメリット。教師なし学習は，「情報圧縮」にも使われる。

協調フィルタリング　P69，77

機械学習の「半教師あり」で用いられる計算技法（アルゴリズム）。Web サイトなどから入手し蓄積した多数の意見や評価に基づき，嗜好の似たユーザーが高評価を与えたものをリコメンド（推奨）することを主目的とした技法。たとえば，ある対象者が商品・サービスをチェック／購入した履歴と，対象者以外がチェック／購入した履歴を比較し，類似性または商品・サービス間の共起性（同時に出現すること）をアソシエーション分析（相関分析）で解析することで個別のリコメンドが可能になる。

クライアント

コンピューター分野では，ネットワークでつながったサーバーと呼ばれるコンピューターからサービスを受ける側の端末，またはサーバーに処理を依頼する側の端末を指す。

クラウド型システム

クラウドサービスを提供する会社のサーバーコンピューター上に設置されたシステムを指す。「オンプレミス型システム」と対置する用語。

クラウドサービス

従来は自前のコンピューターで管理・使用していたデータやアプリケーションソフトウエアを，インターネット経由で利用できるサービスのこと。ユーザー側が最低限の環境（PC や携帯情報端末などと，その上で動く Web ブラウザー，インターネット接続環境など）を用意すれば，どの端末からでもサービスを利用することができる。

クラスタリング（データクラスタリング）　P31，59，77，139

統計学のデータ解析手法の 1 つで，分析対象であるデータ群を似た特徴をもついくつかの集団に分類する手法。機械学習においては，「教師なし学習」でよく用いられる。

クロス分析　P148

調査資料やアンケートデータを 2，3 個の項目に絞って，それらに属しているものがどのような関連をもっているかを分析する手法。

計算技法（アルゴリズム）　P56，63，75，91，153

コンピューターで問題（課題）を解くための技法のこと。「アルゴリズム」または「算法」とも呼ばれる。問題解決の手続きを定式化するもので，プログラムを作成するベースとなる。

形式（人工）ニューロン　P22，78

神経細胞（ニューロン）の活動を単純化して数理的に表現した情報処理モデル。ニューラルネットワークの原形となった。1943 年に，神経科学者のウォーレン・マカロックと数学者のウォルター・ピッツが発表した「マカロック・ピッツモデル」の通称。

結晶性知能　P14，159

心理学者のレイモンド・キャッテルによって提示された知能の 2 分類の 1 つ（もう 1 つは「流動性知能」）。個人が長年にわたる生活・社会において様々な体験（コミュニケーション，意味理解，判断，選択，挑戦，成功，失敗，反省，改善など）をする中で，知的思考，教育，学習などを通じて獲得していく能力を指す。言語能力，理解力，創造力（発想力），洞察力，自省力などから成っている。これらは，現在の AI がもち合わせていない能力といえる。

恒等関数　P88

入力された値をそのまま出力する関数のこと。ニューラルネットワークの活性化関数の一種で，回帰問題などで出力層に渡された値をそのまま変換せずに出力したい場合などに用いられる。

構文解析アルゴリズム

自然言語を対象とする場合は，文章を構成要素に切り分け，要素間の関連（修飾 - 被修飾など）といったような，統語論的（構文論的）な関係を明確にする（解析する）ための計算技法（アルゴリズム）を指す。AI の範囲には入るが，機械学習用の計算技法（アルゴリズム）ではない。

ゴーストワーカー

AI の分野では，AI システムを適切に機能させるために，機械学習の「教師あり学習」において「この写真はドリアン」「この画像はキリマンジャロ」といった正解データをシステムに教える役割を陰で担う人たちのこと。具体的には，タグづけやラベリングという作業を行っている。

誤差逆伝播法（バックプロパゲーション）　P26，82，92

1986年にデビッド・ラメルハートらによって提唱された。出力結果と正解との誤差を少なくすることでニューラルネットワークの精度を高めるための技法。出力結果から流れを遡って各層の矢印の重みを調整していく。出力結果と正解の誤差を逆方向に伝えていくことから，この名前がつけられた。

個人情報保護方針（プライバシーポリシー）　P167

収集した個人情報をどのように取り扱うか，どのように管理し保護するかを企業や団体の方針として明文化したもの。「個人情報利用方針」ともいう。『個人情報の保護に関する基本方針』（2004年に閣議決定）と『個人情報の保護に関する法律』（2003年に施行）を主な根拠として作成されている。

さ

サーバー

ユーザー側のクライアントPCに各種のサービスを提供するコンピューターやソフトウエアを指す。ファイルサーバー，メールサーバー，Webサーバーなど多数の種類がある。

再帰型ニューラルネットワーク　P102

「RNN（Recurrent Neural Network）」の項を参照。

再現率

機械学習においては，正解であるものをシステムが正解だと予測できた割合のこと。正解である項目に着目して算出される。

サポート・ベクター・マシン（SVM）　P69，77

「SVM（support vector machine）」の項を参照。

三方よし

江戸時代に近江商人が近江以外の地域（アウェイの地）に溶け込んで商売するために考え出した商道徳。「売り手よし，買い手よし，世間よし」をモットーとする。「世間よし」は現代のCSR（企業の社会的責任）の考え方に通じる。AIにおいても，この「三方よし」（開発者・提供者よし，利用者よし，社会よし）の関係が確立されることが望ましい。

自意識　P170

外界の様々な存在（主として他人）と自分とを区別する意識。「身体性」を介した経験を経ることで徐々に確立されていく。

閾値（しきいち）　P81

境界となる値のこと。「スレッショルド（threshold）」ということもある。一般的には，何らかの現象が生じるか起こらないかの境界の値を指す。「ニューラルネットワーク」の「パーセプトロン」では，出力値を「1」か「0」に整えるために用いられる。

識別用ネットワーク（識別器）　P104

「教師なし学習」の代表的な計算技法（アルゴリズム）である「GANs（Generative Adversarial Networks：敵対的生成ネットワーク）」の構成要素であり，「生成用ネットワーク（生成器）」が生成した画像などの成否を判別するためのネットワークを指す。

軸索　P82

神経細胞体から伸びる突起のことで，通常は，各神経細胞体から 1 本ずつ出ている。末端が分枝して次の神経細胞に接合しており神経の興奮を伝える役割を担う。

シグモイド関数　P88

グラフで表すと緩やかな S 字曲線（シグモイド曲線）を描く関数で，入力した値は 0 から 1 の間に収まる。「活性化関数」の一種。「ステップ（階段）関数」を滑らかにしたものであると見ることもできる。

次元削減　P65，77

機械学習の 1 タイプである教師なし学習において，主成分分析などの計算技法（アルゴリズム）を用いてデータの特徴量の項目数（次元）を減らす方法。

自然言語処理　P3，26，52，103，122

日常的に人間が使っている言語をコンピューターが理解，解釈，操作できるように処理すること。AI を支える処理技術の 1 つ。

実装　P3，115，131，147

ソフトウエア開発において，要件定義と設計のフェーズの内容に基づいてプログラミング（コンピューターに処理させる内容をプログラムコードで記述すること）を行うことを指す。

シナプス　P82

ニューロン（神経細胞）とニューロンをつなぐ接合部分を指す。

主成分分析（PCA）　P66，77

教師なし学習の計算技法（アルゴリズム）の 1 つ。多種類のデータを要約するための分析技法。データの次元削減に用いられる。

情報圧縮（データ圧縮）　P66

ある情報（データ）の実質的な性質（特徴）を保ったまま，データ量を減らすこと。

情報メディアリテラシー　P181

社会に溢れる種々雑多な情報ソースから信頼性があり自分にとって価値のある情報を見つけ出して活用する能力。新聞・TV・雑誌・書籍だけでなく，行政機関，公的な研究機関，大学，企業の Web サイト，ネット上の情報サイトなども重要な情報メディアである。

シリ

「Siri（シリ）」の項を参照。

シンギュラリティ（技術的特異点）　P27，159

「技術的特異点（シンギュラリティ）」の項を参照。

人工対話システム　P26

第 1 次 AI ブームにおいて開発されたコンピューターとユーザーが対話するシステムのこと。初期に開発された「ELIZA（イライザ）」の対話手段はテキストのみだったが，その後音声や映像を利用した「りんな」や「Google アシスタント」などが登場し，広く利用され始めている。

人工知能（AI）　P1，16，27，39，51，59，75，90，106，116，133，145，159，172

「AI（Artificial Intelligence）」の項を参照。

人工知能学会　P2，182

AI に関する研究の進展と知識の普及を図り，学術・技術および産業・社会の発展に寄与することを目的として，1990 年 6 月に一般社団法人として設立された学会。

人工ニューロン

「形式（人工）ニューロン」の項を参照。

人工無脳（無能）

「チャットボット」などの対話型プログラムを指す俗語。「人工知能」との対比から生まれた。会話の意味や文脈を理解せず表層で単純な会話をするだけであることから名づけられた。

深層学習　P21，32，46，54，75，90，110，116，168，174

「ディープラーニング（深層学習）」の項を参照。

深層強化学習　P68，97

機械学習の1タイプである「強化学習」の技法を機械学習の発展形であるディープラーニングに取り込んだもの。「ディープラーニング（深層学習）」と「強化学習」の項も参照。

身体性

人間の身体（肉体）が有する自律的な特性や生体機能のこと。身体性は，外界の情報を取得したり，外界に情報を発信したりするインターフェースの役割を担う。

推論　P3，18，29，46，61

本来の定義は，何らかの論理規則に基づいて既知の事柄から未知の事柄を明らかにすること。機械学習(ML)においては，学習結果に基づいて問題の答えを導き出す（推論する）ことを意味する。

数理モデル

「モデル」の項を参照。

ステップ関数（階段関数）　P88

ある関数をグラフで表現したときに階段（ステップ）状になる関数をいう。「活性化関数」の一種。

スマートスピーカー　P10，32

クラウド型AIを搭載したスピーカーで，AIスピーカーとも呼ばれる。Googleの「Googleアシスタント」やAmazonの「Alexa（アレクサ）」，Appleの「Siri（シリ）」など。

正解データ　P64，104

機械学習の「教師あり学習」において学習（訓練）用データとセットでコンピューターに入力される正解のこと。

制御プログラム　P28，61

コンピューターによる情報処理が効率的に実行されるようコントロール（制御）するためのプログラム。また，産業用機械や家電製品などを制御するプログラムを指す。「コントロールプログラム」「制御ソフト」とも呼ばれる。

生成用ネットワーク（生成器）　P104

「教師なし学習」の代表的な計算技法（アルゴリズム）である「GANs（Generative Adversarial Networks：敵対的生成ネットワーク）」の構成要素であり，画像などを生成するためのネットワークを指す。

説明変数　P73

ニューラルネットワークにおける「入力項目」を，回帰分析では「説明変数」と呼ぶ（「出力項目」は「目的変数」と呼ぶ）。

線形回帰　P69, 77

機械学習の「教師あり学習」で用いられる計算技法（アルゴリズム）の 1 つで，統計学における回帰分析技法の一種。説明変数（入力する値）x を使って，それと相関する目的変数（出力される値）y の値を x の一次式の形で予測する技法。

た

ダートマス会議　P17

計算機科学者・認知科学者のジョン・マッカーシーの呼びかけで 1956 年に米国のダートマス大学で開催された会議。この会議で，「AI（人工知能）」という言葉が初めて使われた。

第 1 次 AI（人工知能）ブーム　P17

1950 年代後半〜 1960 年代にかけての AI ブーム。コンピューターによる「推論」や「探索」が可能になり，かなり複雑な問題を解くことができるようになったことがブームの起因。

第 2 次 AI（人工知能）ブーム　P19, 62

1980 年代に生じた AI ブーム。分野別のエキスパートシステム（あらかじめ取り込んだ専門分野の経験知に基づいて推論することで，専門家と同等な問題解決が行えるプログラム）が次々に開発されたことがブームの起因。

第 3 次 AI（人工知能）ブーム　P21, 28, 75, 181

2000 年頃に始まり現在まで続いている。大量のデータ（ビッグデータ）を用いることで AI 自身が知識を獲得する「機械学習」が実用化され，それに続いて特徴・特徴量の自動抽出が可能なディープラーニング（深層学習）が登場したことが，今回のブームの継続を後押ししている。すでに失望期に入っており，それを乗り越えて導入が進むかどうかの分岐点に差しかかっているとの見方もある。

対話型 AI

人間と対話するために開発された AI ソフトウエア。第 1 次 AI ブーム時に開発された「ELIZA（イライザ）」を起源とし，現在は，「Google アシスタント」「Alexa（アレクサ）」などのスマートスピーカーや女子高校生 AI「りんな」などが実用化されている。

畳み込み層　P101

ディープラーニングの代表的な計算技法（アルゴリズム）の 1 つである「CNN（Convolutional Neural Network：畳み込みニューラルネットワーク）」において重要な役割を果たす処理層。畳み込み層では，画像の局所的な特徴が抽出されて多数の「特徴マップ」が作成される。

探索　P18, 29

AI の分野では，膨大なデータの中から目的のデータを探し出すこと。

チェイナー

「Chainer（チェイナー）」の項を参照。

知識表現　P26

AI が特定の課題を解決できるようにするために，特定領域の専門知識をコンピューターが使える形で表現すること。第 2 次 AI ブームを牽引した「エキスパートシステム」を支える基本技法。

知識ベース　P26, 34

事実，経験，常識といった知識をコンピューターが解読できる形にしてデータベース化したもの。ナレッジベースと呼ばれることもある。

知性（intellect）　P12, 27, 79, 145, 159

様々な情報を入手し，分析し，推論・判断する能力のこと。心理学的には，外界から得られた感覚情報を比較・抽象化・概念化・判断・推理などの機能によって認識や見識を生成する知的な能力。「結晶性知能」と重なる部分が多い。「知能」より上位の概念。

知能（intelligence）　P13, 27, 53, 79, 152

物事を理解したり判断したりする能力。心理学的には，外部環境に適応し，外界と情報をやり取りすることを通じて問題解決に向けて思考する能力を指す。「知性」より下位の概念。

チャットボット　P29, 61

対話を行うロボットのこと。対話(chat)とロボット(robot)を組み合わせた造語。ユーザーと企業・団体をつなぐコミュニケーションツールとして，様々な形で導入されている。Web 上でチャットボットを悪用する事例（チケットの買い占めや都合の悪い意見に対する集中攻撃など）が増えていることを懸念する声もある。

中間層　P56, 82, 92

ニューラルネットワークにおいて，入力層から渡されたデータを処理して出力層に渡す層のこと。ディープラーニングでは，中間層を「隠れ層」と呼ぶこともある。

チューリングテスト　P17

アラン・チューリングが 1950 年の論文で提唱したテスト。審査員が別の部屋にいるなどのブラインド（目隠し）状態でコンピューターおよび人間と対話し，コンピューターを人間と判断（誤認）すれば人間と同等の知能があると認定する。

強い AI（人工知能）　P35

米国の哲学者ジョン・サールがつくった言葉。人間の脳の神経回路網（ニューラルネットワーク）の働きを真似ることで人間の脳の働きを再現しようとする試み，あるいは再現できた場合の AI のこと。まだ，実現していない。

ディープラーニング（深層学習）　P21, 32, 46, 51, 75, 90, 110, 116, 153, 168, 174

入力層，中間層，出力層から構成されるニューラルネットワークの中間層の層を複数にしたものを指す。ディープラーニングは，機械学習の一種に位置づけられるニューラルネットワークの 1 タイプ（改良・発展型）と見なすことができる。

データサイエンス　P6, 124, 145, 175

「統計学分野」「コンピューター分野」「業務分析・データ分析分野」で培われてきたスキルを融合することで実用性の高い知見を導き出し，ビジネス現場でリアルデータの効果的な活用を実現する科学的な領域のこと。

データサイエンティスト　P49, 145, 176

情報工学，数学，統計学，プログラミングなどの知識・スキルを駆使してデータの分析を通じて実用性の高い知見を導き出し，ビジネス現場でリアルデータの効果的な活用を実現する役割を担う専門的な職種。AI システムの実用化・運用に不可欠な存在。

データドリブン　P145

根本的な意味は「データに基づいた〜」。経営の様々な局面においてデータに基づいた意思決定を行うことを意味する。具体的には，販売データ，顧客属性データ，クレームデータ，故障データ，気象データ，医療診断データなどのデータをもとに何らかの意思決定を行うことをデータドリブンという。

データマイニング　P26

統計的な分析手法を活用し情報の中に潜む「知見」を見つけ出す技術。AI 開発を加速させたテクノロジーの 1 つ。

デジタルトランスフォーメーション（DX）

経済産業省が 2019 年 7 月に発表した「DX 推進指標」では、「企業がビジネス環境の激しい変化に対応し、データとデジタル技術を活用して、顧客や社会のニーズをもとに、製品やサービス、ビジネスモデルを変革するとともに、業務そのものや、組織、プロセス、企業文化・風土を変革し、競争上の優位性を確立すること」と定義されている。英語の Digital Transformation から DX と略される（英語では trans を X と略記することが多い）。

デジタルプラットフォーマー

「プラットフォーマー」の項を参照。

適合率

機械学習においては、システムが正解だと予測したもののうち実際に正解だったものの割合のこと。正解だと予測した項目に着目して算出される。

テキストマイニング

大量のテキスト（文字列）データから価値ある情報を取り出すための技術。たとえば SNS やアンケートなど大量のテキストデータの中から、有益な情報を抽出し分析することが可能。AI 開発を加速させたテクノロジーの 1 つ。

デプロイ（deploy）

英単語の意味は「配備する」「展開する」などで、AI システムの開発においては、「運用の準備をする」といった意味で使われている。

転移学習

学習済みのモデルを別の領域に適応させる（応用する）技術のこと。最初から学習させるよりも少ないデータ量で学習させることができる。広くデータが取得できる領域で学習したモデルを大量のデータを収集することが困難な別の領域に応用する、などの使い方が可能。

統合型 GIS　P148

主に地方自治体内の関係部門で独自に使用している各種の地図情報を電子化・統合して一元管理することで、組織横断型の地図データ共用を可能にするシステムのこと。

特徴表現学習

画像、音声、自然言語から特徴表現を自動的に抽出して学習することを意味する。「ディープラーニング」における学習がこれに相当する。

特徴量　P56, 59, 95, 153, 185

AIシステムが分析しようとしている対象（オブジェクト）に関係のある測定可能な「特徴（プロパティ）」を数値で表したもの。従来の機械学習ではこの「特徴」を人間が設定していたが，ディープラーニングでは自動抽出される。

特化型AI（人工知能）　P35

個別の領域や機能に特化して（人間を超えるような）高い能力を発揮したり，人間に代わって手間のかかる作業をこなしたりするAIのこと。

な

ニューラルネットワーク（神経回路網）　P21, 34, 56, 69, 75, 90, 130, 153

AI分野において，脳の神経回路網（ニューラルネットワーク）を模してつくられた「形式（人工）ニューロン」をもとに考案された「パーセプトロン」を基本単位とする機械学習の計算技法（アルゴリズム）。機械学習の主要な手法と位置づけることもできる。

ニューロン　P22, 79

動物の脳神経系を構成する神経細胞のこと。情報処理と電気信号による情報伝播能力に優れており，これを模して「形式（人工）ニューロン」がつくられた。

ノード　P82, 92

線と線の結節点を意味する言葉で，ネットワークの接点，分岐点，中継点などを指す。たとえばネットワークを構成するパソコンやルーターといった機器のこと。「ニューラルネットワーク」を構成する「パーセプトロン」の概念図では矢印が入り出ていく部分（〇で表される）を「ノード」と呼ぶ。

は

バイアス（偏り）　P86

ニューラルネットワークにおいては，パーセプトロン内のノードに送られた入力値の総和を調整するための変数（パラメーター）。

パイトーチ　P132

「PyTorch（パイトーチ）」の項を参照。

ハイパーパラメーター

機械学習やディープラーニングを始める前に人が設定する必要があるパラメーター（変数）。ニューラルネットワークでは，層数，ユニット数，活性化関数などがハイパーパラメーターになる。ハイパーパラメーターの値によってモデルの性能が大きく変わるので，適切な値に調整することが必要。

パーセプトロン　P26, 79, 92

1943 年にウォーレン・マカロックとウォルター・ピッツが提案した「形式（人工）ニューロン」をもとに 1958 年にフランク・ローゼンブラットが考案したもので，「ニューラルネットワーク」の基本構成単位。

バックプロパゲーション（誤差逆伝播法）　P59, 82, 92

「誤差逆伝播法（バックプロパゲーション）」の項を参照。

パラメーター（変数）　P72, 82, 96

コンピュータープログラムの中で表現されている関数（数値処理のための数式）の係数を定める数値情報。必要（状況）に応じて変更されるため，「変数」と呼ばれる。

半教師あり学習　P64, 77

「教師あり学習」と「教師なし学習」を組み合わせた機械学習の技法。半教師あり学習は，正解つきデータと正解なしデータの両方を含むデータセットを入力して行う。

汎用 AI（人工知能）　P33

分野や領域を問わず多様で複雑な問題に迅速かつ効率的に対応できる（答えを出せる）AI のこと。ハードウエア性能の飛躍的な向上，各種のセンサー技術の革新，通信技術の進化，広範かつ複雑な課題の解決を可能にする高度な計算技法（アルゴリズム）の開発がなければ，汎用 AI の実現は難しいとされている。

ビッグデータ　P23, 31, 52, 94, 149, 165

膨大な量のデータを意味する言葉。インターネットなどの情報通信ネットワーク技術の発達によってこれまで不可能だった大量のデータ（文字だけでなく，音声や写真，動画などのデジタルデータ）を収集することが可能になった。機械学習やディープラーニングを用いると，人間では分析不可能なビッグデータを効率的に分析することができる。

費用対効果　P46

投じた費用に見合う効果が得られたかどうかを意味する言葉。情報システムに関して「費用対効果が高い」といえば，導入・運用・保守に要する費用よりも得られる効果のほうが大きいことを意味する。

ファインチューニング

学習済みモデルの一部または全部の重みを微調整するための手法。学習済みモデルの重みを初期値として再学習させてから微調整を行う。

ブースティング　P69，77

「教師あり学習」で用いられる計算技法（アルゴリズム）の1つ。アンサンブル学習（機械学習において複数の学習器を組み合わせて正解率を高める方法）で，誤判定した学習器に注目してパラメーターを調整する方法。

プーリング層　P101

ディープラーニングの代表的な計算技法（アルゴリズム）の1つである「CNN（Convolutionnal Neural Network：畳み込みニューラルネットワーク）」の畳み込み層の次におかれる処理層。プーリング層では，位置不変性を獲得するために重要な情報を特徴として残しながら元の画像が縮小される。

不気味の谷

1970年に森政弘（東京工業大学名誉教授）が提起した概念で，「人間に似た人形やロボットを見ると最初は親和感を覚えるが，人間に似過ぎてくると不気味さを感じる」という仮説。

プライバシーポリシー　P167

「個人情報保護方針（プライバシーポリシー）」の項を参照。

プラットフォーマー

企業・団体・個人が，ビジネスや情報配信・受信を行う基盤（プラットフォーム）として利用できるアプリケーション，サービス，システムなどを総合的に提供する事業者を指す。

フレームワーク　P130

情報システムの分野では，ソフトウエアシステムの開発に必要な各種の機能を組み合わせたシステム開発用の枠組み（フレームワーク）を指す。全体の処理の枠組みが用意されており，必要な箇所に具体的な処理を組み込むことでシステムを作成できるようになっている。ソフトウエア（プログラム）に組み込む機能を部品化したものを集めた「ライブラリ」と混同して使われるケースが多い。

分類　P64，77，93

統計学において，データを複数のグループ（クラス）に分類することを指す。2つのグループに分けることを2項分類，多数のグループに分けることを多項分類という。

変数　P73, 82, 96, 121, 141

「パラメーター（変数）」の項を参照。

ベンダー

「AI ベンダー」の項を参照。

ま

マシンラーニング　P21, 34, 52, 59, 90, 116, 133, 153, 174

「機械学習（マシンラーニング）」の項を参照。

メインフレーム

銀行や官公庁など巨大な組織の基幹業務に使用される大型コンピューターを指す用語。汎用コンピューター，汎用機，ホストコンピューターなどと呼ばれることもある。

メタ学習

複数のタスクの学習結果や学習過程を利用し新しいタスクの学習効率を上げることを目的としたディープラーニングの新たな利用法。「学習の仕方を学習する」手法ということもできる。

目的変数　P73

ニューラルネットワークにおける「出力項目」を，回帰分析では「目的変数」と呼ぶ（「入力項目」は「説明変数」と呼ぶ）。

モデル　P59, 80, 98, 112, 122, 144, 153

入力されたデータから答えを導き出すための処理フローまたは関係式（パターンやルールを数式で表現したもの）のこと。ニューラルネットワークの根幹を成す部分。「学習モデル」や「数理モデル」と呼ばれることもある。

モンテカルロ法　P69, 77

よくわかっていない現象に対してありとあらゆるパターンを乱数を用いて試すコンピューターシミュレーションの手法の 1 つであり，円周率の近似値を求めるためなどに使われる。特に強化学習においては，与えられた環境に対する行動の開始から終了までの期間を意味するエピソードが終了した時点で，獲得できた報酬の総和をもとに行動を修正していく計算技法（アルゴリズム）。囲碁や将棋などの手を決定する際などに使用される。

や

要求定義

情報システムの開発において，システムの発注者側が求めていることを明らかにすること。「要件定義」に先立って実施される。

要件定義

情報システムの開発において，必要とされる性能や実現すべき機能を明確にすること。「要求定義」に基づいて実施される。

弱い AI（人工知能） P35

米国の哲学者ジョン・サールが定義した「人間の知的作業の一部を代替する機械」を意味する用語。強い AI とは対照的に，弱い AI は人間のあらゆる認知能力を要しない程度の問題解決や推論を行うシステムを指す。「強い AI（人工知能）」の項も参照。

ら

ライブラリ P116，133，153

ソフトウエア（プログラム）に組み込む機能を部品化したファイルを集めたもの。プログラミングの効率を大幅に向上させることができる。AI システムの開発に Python がもっとも多く使われるのは，利用できるライブラリが豊富にあるからとされている。

ラベル（正解） P64

機械学習においては，「教師あり学習」で使われる「正解つきデータ」の「正解」を記したラベルのこと。たとえば，ある画像に「ネコ」というラベルがついていれば，正解が「ネコ」であることを意味する。

ランダムフォレスト P69，77

機械学習の「教師あり学習」で分類や回帰に用いられる計算技法（アルゴリズム）の 1 つで，多数の決定木を作成して解を導き出すのが特徴。

ランプ関数 P88

「ReLU（レルー）」の項を参照。

流動性知能 P14

心理学者のレイモンド・キャッテルによって提示された知能の 2 分類の 1 つ（もう 1 つは「結晶性知能」）。新しい環境に適応するために新しい情報を獲得し処理し活用していく知能を指し，計算力，記憶力，処理スピード，図形把握力，規則性を発見する能力などから成っている。これらは「知能指数」で測ることが可能で，コンピューターソフトウエアや AI が得意とする能力である。

りんな

日本マイクロソフトが開発したチャットボット（対話型 AI）。高等学校に通う女子高生という人物設定で，ユーザーと対話する。2019 年 3 月に高校を卒業し，4 月にエイベックス・エンタテインメントから歌手デビューした。

ルールベース P34, 61, 153

人間があらかじめルールや知識をすべてプログラムに記述して，それらに基づいて推論や判断を行うこと。機械学習が登場する前の AI システムはこれが主流。

ロジスティック回帰 P69, 77

複数のパラメーター（変数）を使って質的な確率（ある事象の発生率）を予測する計算技法（アルゴリズム）。機械学習の「教師あり学習」で用いられる技法の 1 つ。

おわりに

AI リテラシーの教科書，いかがでしたか？

　普段何気なく耳にする AI という言葉について，幅広く理解することで，おぼろげながら全体像がつかめたのではないでしょうか。本書の中でご説明した通り，AI（人工知能）という言葉は，専門家ですら，その定義が曖昧です。深く考えようと書店や図書館で本を手に取ってみても，難しい数式が並んでいたり，そうかと思えば，SF のようなたとえ話だけが書かれていたりという具合に，何から学んでいけばいいのかがわかりにくくなってしまっています。本書を学んだあとは，この内容を AI の全体像を描く地図のようにとらえ，読者のみなさん 1 人ひとりの興味や関心にしたがって，「プログラミングの部分を深めてみよう」「もっとニュースを集めてみよう」「過去の歴史を探ってみよう」などと，自由に AI の世界を歩いてみてください。それこそが，AI リテラシーを身につける最良の方法です。

　本書は，複数の大学で情報工学や経営学を中心とした幅広い教養を教える浅岡伴夫さんのお声がけのもと，日経新聞社にて企業向けの教育をも行う中松正樹さんと，AI の分野を中心とした研究開発を行う私との 3 人で，大学生をはじめとする一般の皆さんが，日々のニュースや新聞をはじめ，社会のなかで AI という言葉に出会ったときに，一歩先まで考えらえるような内容を目指し，執筆しました。本書を通して，読者の皆さんが，AI という言葉に右往左往することなく，自分自身の力で考えられるようになって下されば幸いです。

　最後に，本書執筆にあたって，多くの方にお世話になりました。お 1 人おひとりの名前をここで紹介することはできませんが，特に，本書の企画作りにあたって熱心にご協力いただいた稲英史様，そして，細部に至るまで議論を重ね，つくり上げていただいた東京電機大学出版局の関根麻実子様，吉田拓歩様のご尽力がなければ，こうして世に出ることはありませんでした。心から感謝申し上げます。

松田 雄馬

著者プロフィール

浅岡伴夫（あさおか・ともお）［チャプター1，5〜8，12，14を執筆］

　1952年富山県生れ。慶應義塾大学経済学部卒業。先端技術アナリスト。経営・マーケティングアドバイザー。聖徳大学特命教授。日本能率協会マネジメントセンター通信教育コース『ゼロからわかるAI（人工知能）の基本』および『ゼロからわかるDX（デジタルトランスフォーメーション）の基本』のテキスト執筆＆責任講師。

　『デジタル×生命知がもたらす未来経営』（日本能率協会マネジメントセンター），『地域密着型デイサービス 大競争時代を生き抜く黒字戦略』（翔泳社），『キラリ☆合格ITパスポートテキスト＆問題集』（ネットスクール），『日本発・世界標準の「新世代One to One & CRM」』（五月書房），『企業のための翻訳業務マニュアル』（日経BP）ほか著書多数。

松田雄馬（まつだ・ゆうま）［チャプター9〜11を執筆］

　1982年徳島県生まれ。博士（工学）。株式会社オンギガンツ代表取締役。一橋大学大学院講師（非常勤）。京都大学／同大学院修了後，NEC中央研究所に入所。東北大学との脳型コンピュータプロジェクトを立ち上げ，2015年同研究にて博士号を取得し，独立。AI/IoTを中心とした新規技術開発を行う合同会社アイキュベータを共同設立。DX人材育成・組織変革に事業拡大した株式会社オンギガンツの代表取締役に就任。デジタル技術への敷居を下げ，誰もが豊かな未来を生きるための情報発信としてテレビ・ラジオでも活躍中。著書に『人工知能の哲学』（東海大学出版部），『人工知能に未来を託せますか？』（岩波書店）ほか多数。高校国語の教科書（東京書籍ほか）にも採用。

中松正樹（なかまつ・まさき）［チャプター2〜4，13を執筆］

　1957年兵庫県生まれ。1981年早稲田大学政治経済学部政治学科卒業，同年日本経済新聞社入社。販売局，日経アメリカ社，販売局次長兼国際販売部長，デジタル販売局次長兼販売部長，株式会社OCS執行役員・購読営業本部長などを経て，2015年より法人ソリューション本部ソリューション部プロデューサー。

　おもに情報収集と発信の重要性をテーマに，SMBCコンサルティング主催「SBMCビジネスセミナー」ほか，社内外で年間100本ペースで講演をこなす。ここ数年はAIに関するニュースや記事に着目し，基礎知識と記事の要点をわかりやすく解説することにも注力している。

AIリテラシーの教科書

2020 年 10 月 20 日　第 1 版 1 刷発行　　　　ISBN 978-4-501-55750-8 C3004
2022 年 　7 月 20 日　第 1 版 2 刷発行

著　者　浅岡伴夫・松田雄馬・中松正樹
　　　　Ⓒ Asaoka Tomoo, Matsuda Yuma, Nakamatsu Masaki 2020

発行所　学校法人 東京電機大学　〒 120-8551　東京都足立区千住旭町 5 番
　　　　東京電機大学出版局　　Tel. 03-5284-5386（営業）03-5284-5385（編集）
　　　　　　　　　　　　　　　Fax. 03-5284-5387 振替口座 00160-5-71715
　　　　　　　　　　　　　　　https://www.tdupress.jp/

組版：徳保企画　　印刷：(株)ルナテック　　製本：誠製本(株)
カバーイラストレーション：大高郁子　　装丁：齋藤由美子
落丁・乱丁本はお取り替えいたします。　　　　　　Printed in Japan